ce livre est au monastere de la visitation Ste Marie
du fauxbourg St Jacques

N 3
14

Y. 5020.
A.

par Jean D. Bussières, jésuite.

1208

LES DESCRIPTIONS POËTIQVES,

DE J. D. B.

A LYON

Chez IEAN BAPT. DEVENET,
en ruë Merciere, au S. Esprit.

M. DC. XLIX.
AVEC PERMISSION.

AV LECTEVR.

IE ne sçay, CHER LECTEVR, par quelle raison ie pourray excuser ma temerité, qui dans vn Siecle si delicat expose à vostre censure vne sorte de composition, qui n'est iamais bonne, si elle n'excelle. I'auoüe que l'entreprise est par dessus mes forces, & qu'il n'y a que vostre Bonté, qui la puisse rendre moins déraisonnable. I'ay pourtant quelques raisons qui pourront meriter cette indulgence de iugement; & qui vous permettront d'vser enuers moy de moins de rigueur : Car en premier lieu le sujet que i'ay pris le desire ainsi ; la Poësie prenant beaucoup de liberté dans ses Descriptions; où elle semble estre sans contrainte, & suiure son caprice, plus qu'en nulle autre de ses matieres ; Et où ne receuant aucune reigle que de son Genie, sans se mettre en pei-

ã 3

AV LECTEVR.

ne de la bien-seance qu'elle garde dans le Poëme Epique, où dans le Tragique, elle ne songe qu'à se diuertir. C'est là proprement où elle se monstre telle qu'elle est, où ses beautez naturelles paroissent à nud; où sans se contraindre par l'artifice, elle n'a point de loix que la vigueur de sa boutade; imitant la Nature dans les choses qu'elle décrit, & leur donnant autant de paroles, que cette Mere des Creatures leur donne d'ornemens diuers. C'est à mon auis ce qui doit me faire pardonner; Si ces Descriptions sont vn peu longues, & si elles paroissent vuides de quelques pensées, dont nos Poëtes rauissent aujourd'huy les Esprits: Certes il me semble qu'on ne doit point reprocher la longueur à la Poësie, à l'endroit où elle se contente, & où elle se satisfait pleinement; & qu'on ne doit point la gesner dans la contrainte des Antitheses, lors qu'elle ne suit que son humeur, & qu'elle veut estre le Tableau de la Nature, qui nous donne ses productions toutes simples, sans autres beautez que les siennes. Que si cette sorte de Poësie me rend excusable, le dessein qui me l'a fait entreprendre demande bien quelque pardon; puisque c'est pour renoueller le dessein de Dieu dans la formation de ses Creatures, & pour enseigner aux moins sçauans le moyen de trouuer cette Cause vniuerselle dans tous ses effets. C'est vne doctrine dont de grands Saincts

AV LECTEVR.

Saincts ont fait vne profession fort illustre; & ie serois trop heureux si parmy les defauts de mon expression, ie pouuois suiure leurs traces, quoy que de loing, & donner quelques bonnes pensées à mon Lecteur. I'ay tasché de le faire par les conclusions des Pieces principales de ce petit Ouurage, y laissant comme l'aiguillon de l'Abeille, ou comme l'espine des Roses, ou plustost comme le germe d'vn bon sentiment, qui peut apres produire quelque saint effet. Voilà, CHER LECTEVR, les raisons qui m'ont donné l'audace de vous estre importun; si apres cela vous me iugez encore coupable, i'en seray quite pour me cacher dans la foule, & pour estre mis au nombre des mauuais Poëtes.

TABLE DES POËSIES.

Le Ciel,	1	La Pluye,	136
Le Soleil,	5	Le Meurier,	139
Les Tulipes,	11	Le Feu,	140
Le Marbre,	19	La Glace,	143
Le Lait,	25	L'Araignée,	144
Le Grenadier,	33	Le Tremblement de Terre,	151
Les Forests,	39		
L'Oranger,	45	Le Cirque,	155
Les Prairies,	53	Le Rhosne,	161
Le Fer,	61	L'Embrasement,	166
Le Soufre,	66	La Fontaine de Vaucluse,	171
La Violette,	72		
La Rose,	77	Le Iour naissant,	176
Les Montagnes,	85	Le Iour mourant,	180
Responces des Alpes,	89	La belle Nuit,	184
Le Miel,	93	La Nuit obscure,	188
L'Or,	99	La Tortuë,	192
Responce de l'Or,	104	L'Allée,	197
Le Phenix,	110	Le Beluedere,	220
L'Ar-en Ciel,	125	Le Broüillas,	209
Les Simples,	130	A Artenice, sur ses maladies continuelles,	211
La Neige,	131		
Le Verger,	135	La Saincte Baume,	215

LES

LES DESCRIPTIONS POËTIQUES.

LE CIEL.
Chercher Dieu.
ODE

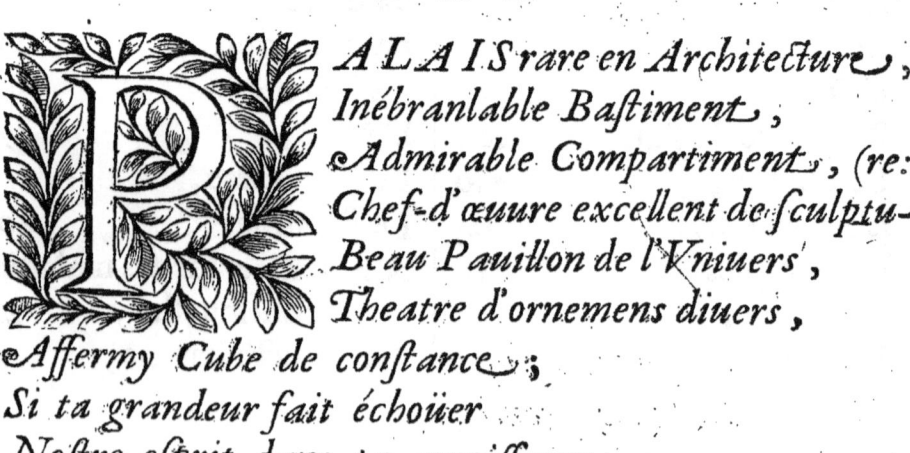

PALAIS rare en Architecture,
Inébranlable Bastiment,
Admirable Compartiment, (re:
Chef-d'œuure excellent de sculptu-
Beau Pauillon de l'Vniuers,
Theatre d'ornemens diuers,
Affermy Cube de constance;
Si ta grandeur fait échoüer
Nostre esprit dans ta conoissance,
Qui te peut dignement loüer?

A

Les Descriptions

Quel Maistre a suspendu tes voutes
Sans colomne & sans fondement ?
Qui t'a donné ce mouuement,
Emerueillable dans ses routes ?
Qui te fait sans cesse rouler
Sur les vastes plaines de l'air,
Sans détruire ta symmetrie ?
Quel est l'Ouurier qui t'a fait,
Quelle main & quelle industrie
T'ont donné ce rond si parfait ?

D'où vient que tu remplis tes courses
D'vne extreme rapidité ;
Qu'vne constante égalité
Te void faire le tour des Ourses ?
Comment ne t'escartes-tu pas,
Dans ce grand mélange de pas,
Du chemin que fait ton orniere ?
Peus-tu bien sans confusion
Demesler la trace premiere
De ta vaste agitation ?

Poëtiques.

Quels sont les admirables Poles
Qui supportent vn fais si lourd,
A l'entour de qui nuict & jour
Sans reposer iamais tu voles ?
De quel bronze sont tes essieux,
De quel metail si pretieux
Qui soit digne de leur office ?
Qui portent le Throne de Dieu,
Et sans crainte de precipice,
Te tiennent ferme en mesme lieu ?

Ces belles fleurs que tu presentes
Sur vn fonds tousiours azuré,
Qui plaines d'vn jaune doré
Nous paroissent tousiours naissantes ;
Sont-ce des merueilles d'vn pré,
Que la Nature a diapré
Des traits de sa viue peinture ?
Ou sont-ce des Globes d'airain,
Sur qui la Diuine sculpture
Découure l'Art de son burin.

Les Descriptions

Quel que tu sois, tu me fais croire
Qu'il n'est que Dieu qui t'a formé,
Et que ce grand Tout animé,
T'a fait le crayon de sa gloire :
Qu'il veut obliger nos besoins,
A n'employer leurs iustes soins
Qu'à chercher l'Auteur de ton Estre;
Et qu'auecque tant de beauté
Il ne t'a voulu faire naistre
Que pour peindre sa Majesté.

Je me pers dans la conoissance
Des miracles que j'apperçoy;
Et ceux qu'à peine ie conçoy,
Se plaignent de mon ignorance :
Il vaut bien mieux t'enuisager,
Qu'innutilement engager
Mon esprit dans ces Labyrinthes;
En te monstrant tu me dis plus,
Que ne feroient cent raisons peintes
En mille discours superflus.

LE SOLEIL.

ODE

Aimer DIEV sur tout.

PROFOND Ocean de lumiere,
Oeil du Monde, Pere du Iour,
Plaisir de ce mortel sejour,
Infatigable en ta carriere :
Mesure infaillible du Temps,
Maistre des Saisons & des Ans,
Espoux chaste de la Nature ;
Roy des fleurs, Monarque des fruicts,
De qui tout prend sa nourriture,
Qui mesme fais briller les nuicts.

Les Descriptions

Sans toy les épaisses tenebres
Feroient de la Terre vn cercueil ;
L'Air seroit tout couuert de dueil,
L'Eau prendroit ses habits funebres :
Les Cieux de mille couleurs peints,
Pleureroient leurs flambeaux esteints
Par la perte de ta lumiere ;
On verroit tomber ce grand Corps
Dans la confusion premiere,
Qui preceda ses beaux accords.

Les riches Saisons depitées
Ne paroistroient plus à leur tour ;
Elles ne feroient plus la Cour
A nos campagnes rebutées :
En tout temps les tristes Hyuers,
De frimas & d'horreurs couuers,
Tiendroient nos demeures captiues ;
L'Air seroit chargé de glaçons,
Les Fleuues bridez dans leurs riues
Reietteroient nos hameçons.

Poëtiques.

La Terre mere de nos vies,
Dans vne extreme nudité,
Conoiſſant ſa diformité
Chercheroit ſes beautez rauies :
Son Sort ſeroit plus malheureux,
Par le ſablon infructueux
Dont elle ſe verroit couuerte ;
Et ſes precieux ornemens,
Dans le ſouuenir de leur perte,
Luy ſeroient autant de tourmens.

C'eſt de Toy, miracle du Monde,
Que ces maux ne nous preſſent point,
Que l'Air à la Terre conjoint
La rend en merueilles feconde :
Que l'Eau ſe meſlant dans ſon ſein,
Execute le beau deſſein
Que trace ton Rayon fertile ;
Et que de mille enfantemens
La Nature ſe montre habile
A nous fournir nos alimens.

Par toy Flore dans nos prairies
Se déguise en mille façons,
Pratiquant les doctes leçons
De ses charmantes broderies :
Par toy l'abondante Ceres,
Habillant d'espics nos guerets
Satisfait à nostre esperance ;
Et Pomone brillante d'or
Expose à nostre jouïssance
Ce qui compose son thresor.

L'agreable fils de Semele,
Sans le secours de ta chaleur,
Transiroit tousiours de pâleur,
Dans vne froidure mortelle :
Tu luy donnes son embonpoint,
Tu le colores sur le point
Qu'il doit produire sa merueille ;
Et sans toy nous ne verrions plus
Pendre du cep, ou de la treille,
Que des grains à faire verjus.

En

Poëtiques.

En dépit de tous les obstacles
Que la Terre peut opposer,
Elle est contrainte d'épouser
Tes rayons peres de miracles :
Dans ses cachots plus reculez,
Tes feux à ses veines meslez,
Produisent de nouueaux prodiges ;
Les metaux qu'elle met au iour,
Ne sont que de legers vestiges
Des merueilles de ton amour.

Instrument de toutes les causes,
Ne suffit-il pas de te voir,
Pour croire l'extreme pouuoir
Dont tu fais de si grandes choses ?
Tes rayons comme autant de dars,
Poussez en mille & mille parts,
Par nos yeux surmontent nos Ames ;
Les Astres & les Elemens
Ne reçoiuent que de tes flammes
Leur lumiere & leurs changemens.

Nos yeux mesmes sont trop debiles
Pour iuger de ton vaste corps,
Et tous leurs plus heureux efforts
N'y pourroient estre qu'inutiles :
Ils nous disent en s'abaissant,
Si le regard est impuissant,
Pour soustenir tant de lumiere,
Que les Esprits les plus parfaits
Ignorent aussi la maniere,
D'où se font de si grands effets.

Tes rayons me disent encore
Que ie dois égaler tes feux,
D'vn aussi grand nombre de vœux,
A l'endroit du Dieu que j'adore :
Que comme son amour pour moy
N'est pas moins vn Soleil que Toy,
En grandeur & force & durée ;
De mesme que ma volonté,
De toute autre amour espurée,
Ne doit aimer que sa Bonté.

LES TVLIPES.
ODE.
Vanité de la beauté du Corps.

QVE de lumieres, que d'estoiles !
Que ie voy de brillans rayons !
Que d'incomparables crayons
Ont marqué ces luisantes toiles !
Ariste, trompes-tu mes yeux ?
Ou si de la voute des Cieux
Dérobant la belle dorure ;
Par vn charme à tous inconnu,
Tu portes icy la parure,
Dont le Ciel se trouuera nu ?

Les Descriptions

Voy-je ces beautez par vn verre ?
Pers-je le plus beau de mes sens ?
Par des triangles innocens
Fais-tu voir ce riche Parterre ?
Le bel Arc qui se peint en l'Air
Auroit-il voulu se mesler
Dans la verdure de tes herbes ?
Et ce miracle d'ornement,
Fondroit-il ses couleurs superbes
Dans vn simple compartiment ?

N'est-ce point quelque main habile,
Qui tirant le jaune métal,
En a fait ce charme fatal
Couuert d'vne trame subtile ?
Ou si l'Orfevre delicat
A tout parsemé de l'éclat
De son illustre Pierrerie ?
Couchant à pieces de raport
Tout ce que la marqueterie
Essaye en vn dernier effort.

Belles fleurs si de nulle feinte
Vous voyant, ie ne me deçoy;
Si la beauté que i'apperçoy
De couleurs reelles est peinte:
Que puis-je dire de vos Corps,
Que puis-je dire des transports,
Dont mon Ame se voit saisie?
Se peut-il former un desir
Dans la volage fantaisie,
Comparable à ce doux plaisir?

※

Que ces Rouges sont rauissantes!
Que ces Blanches ont un beau iour!
Que ces Iaunes sont à leur tour
Agreables, quoy que naissantes!
Que ce mélange d'orangé,
De vert & de bleu partagé
Confond bien ces douces nuances!
Que cette sombre obscurité
Releue bien les apparences
De cette brillante clarté!

Les Descriptions

Mais ô Ciel quel est ce prodige !
Quelle Medée a fait cecy !
De quelle Circe voy-je icy
Les merueilles sur cette tige !
La fueille est rouge d'vn costé,
De l'autre d'vn iaune emprunté
Elle peint sa luisante ioüe ;
Et se couurant d'vn double fard,
Pleine de gloire elle se ioüe
Des traits les plus subtils de l'Art.

Celle-cy semble empanachée
Des premiers rayons du Soleil ;
Il semble qu'à son doux réueil
Ce Roy des Astres l'ait touchée :
Le Blanc coupe cét Incarnat
D'vn passage plus delicat
Que n'estoit la ligne d'Apelle ;
Et ce blanc d'vn iaune doré,
Par vne coupeure nouuelle,
Se trouue encore coloré.

Celle-là rend mille figures
Dans sa belle confusion ;
L'Epouse fausse d'Ixion
Semble y peindre ses auantures :
On y void de toutes couleurs,
On y discerne mille fleurs,
Dans vn prodigieux meslange ;
Et quoy que tout y soit confus,
Chaque couleur a sa loüange,
Et ne soufre point de refus.

C'est icy qu'il faut que la Fable
Loge son Argus à cent yeux ;
Icy que le Paon glorieux
Prenne vn ornement veritable :
C'est d'icy que l'Ange leger,
Quand il prend vn corps passager,
Emprunte l'esclat de son aisle ;
Dont les rauissemens sont tels,
Que sous cette Pompe mortelle,
Il plait encore aux Immortels.

Mais

Mais, Ariste, qui pourroit croire
Qu'apres tant de varieté,
Il restat encor de beauté
Pour parer cette illustre Noire ?
Elle a dans son obscurité
Vn certain air de majesté,
Qui la fait conoistre pour Reyne ;
Et dans cette auguste noirceur,
Quoy qu'elle esclate en Souueraine,
Elle a pourtant de la douceur.

Ainsi dans vn nombre d'Estoiles,
Dont le haut Firmament reluit,
La sombre beauté de la nuit
Paroit sans nuage & sans voiles :
Son teint d'Ebene & de Iayet,
Dans le Royal chemin de lait,
Se fait voir comme vne merueille,
Tous les Astres en sont espris,
Et d'vne beauté sans pareille
Luy donnent volontiers le prix.

Cher Amy, ie me pers de joye,
Je ne puis plus me retenir;
L'odorat veut encor s'vnir
A cette éblouïssante joye :
Il croit qu'vne agreable odeur
Donne aux fleurs la douce vigueur,
Qui fait le charme de leur vie;
Que c'est peu de rauir les yeux,
Si l'Ame n'est aussi rauie
Par vn esprit delicieux.

Mais helas ! où sont tes richesses?
Tes Tulipes ne sentent rien;
Et tout ce qu'elles ont de bien
Ne tend qu'à de vaines caresses :
Elles flattent bien nos regars,
De leurs charmes par tout espars,
Sous vne menteuse apparence;
Mais le vuide de ces beaux corps,
N'ayant point d'autre consistance,
Les doit faire passer pour morts.

Les Descriptions

Ah ! qu'ainsi du sexe debile
La beauté nous trompe souuent,
Qui sous vn appast deceuant
N'a qu'vne apparence fragile :
On remarque bien au dehors,
De ces inutiles thresors
Quelques images passageres ;
Mais l'Ame pleine de laideur,
Nous dit qu'elles sont mensongeres,
Et qu'elles n'ont que la couleur.

Ariste, le Beau veritable
Coule de la source du Bien ;
Hors de luy le reste n'est rien
Qu'vne illusion dommageable :
Les attraits releuez du fard,
Le visage embelli de l'art,
Les regards faits auec estude ;
S'ils manquent de cette Bonté,
Monstrent plutost la turpitude,
Que la veritable Beauté.

LE MARBRE.
ODE.

La Mortification nous est
necessaire.

QVE ce lieu me paroist aimable,
Qu'il a de charme & de beauté,
Que le grand & l'émerueillable
Luy donnent de la majesté !
La lumiere par tout s'y donne & s'y renuoye,
Auec tant de clarté, que si ie croy mes yeux,
Saisi d'estonnement, & transporté de joye,
Je me croiray marcher sur la voute des Cieux.

Les Descriptions

Il semble que les Pierreries
Y portent leur assortiment,
Que leurs couleurs les plus fleuries
Y servent d'embellissement :
Mais la Beauté me trompe, & surprenant ma veuë,
Découvre tant de pompe en ce marbre éclatant,
Que combien que par tout cette piece y soit nuë,
Elle a tous les thresors que porte l'Orient.

Ce Marbre en diverses manieres
Taillé par un art nompareil,
Mesle de si vives lumieres,
Que chaque piece est un Soleil :
Le meslange parfait des couleurs naturelles
S'y fait voir à plaisir sans l'aide du pinceau,
Rien n'y craint des Saisons les attaques mortelles,
La Nature a tout mis au dessus du tombeau.

L'Art toutefois sert la Nature,
Et grave de sa docte main,

Poëtiques.

Ce que son esprit luy figure,
D'un artifice plus qu'humain :
Il a tiré du sein d'une terre infertile
Ces Rocs que la Nature auoit enseuelis ;
Et polissant le front d'une pierre sterile,
Il l'a fait enfanter des roses & des lis.

Le Paué dans son parquetage
Diuisé de blanc & de noir ;
Passe de l'ancien vsage
La diligence & le sçauoir :
La piece en petits brins d'elle mesme coupée,
Les vnissant apres fait vn objet si beau,
Que d'Apelle iamais la couleur detrempée
N'a tracé sur la toile vn si rare Tableau.

La belle vnion des parties
Conjoint ces petits corps en vn ;
Et plusieurs couleurs assorties
Partagent ce lustre commun :
Pour ce Tout partagé mes sens sont en querelle
A iuger si ce Corps est de plusieurs l'effet ;

L'œil iuge pour plusieurs ; mais l'vnion est telle,
Que la main de ces Parts ne fait qu'vn Corps parfait.

❊

Mon œil rauy de ces merueilles,
A peine osant les approcher;
Voyant des beautez sans pareilles,
Defend au pied de les toucher :
Il croid que le Lambris luy paroit sur la terre,
Par le puissant effet de quelque illusion ;
N'estimant que le lieu qui ces beautez enserre,
Puisse ailleurs faire voir tant de perfection.

❊

Les Pilliers de mesme matiere,
De prodigieuse grandeur,
Ne rendent pas moins de lumiere,
Dans leur excessiue froideur :
Ils prennent des objets les luisantes images,
Et les rendent aux yeux auec fidelité;
Ils supportent le faix de deux nobles estages,
Et pour ce poids enorme ils ont de fermeté.

Qui peut égaler les Statuës,
Rares chef-d'œuures de leur art,
Que le mesme Marbre a vestuës,
Par les traits d'vn Cizeau mignard?
Il a sçeu ménager auec tant d'artifice
Cette pierre sans forme & vuide d'ornement;
Que frapant coup sur coup, & corrigeant son vice,
Il en a fait le prix de ce beau bastiment.

Il semble qu'vn esprit de vie
Anime ce rocher taillé;
Que quelque Ame s'est asseruie
A viure sous ce laict caillé :
De ces cheueux ondez la toison delicate
Au soufle d'vn Zephir semble s'éparpiller;
On diroit que ce front sur cette joüe esclate,
Et qu'on void dans ces yeux la lumiere briller.

O Marbre beauté de la Terre,

Douce

Douce merueille de nos yeux,
Qui deurois libre du tonnerre,
Souftenir la voute des Cieux:
Sçais-tu bien que tu dois ton plus parfait ouurage
Au rigoureux amour du fer qui t'a bleſſé?
Que ſous le faux ſemblant d'vn apparent outrage,
Il t'a de ſon cizeau doucement careſſé?

※

C'eſt ainſi qu'il faut que mon Ame
Corrige mes affections,
Et que par ſes coups elle entame
Le marbre de mes paſsions:
Que le Corps s'en reſſente, & que par ſa ſouffrance
Il aide à reformer l'Homme qu'il a détruit;
Il ne peut repoſer qu'en cette violence,
Et le iour qu'il aura naiſtra de ceſte nuict.

LE

LE LAICT.
ODE.
Du Naturel candide.

RISTE, tu t'esmerueilles,
D'où vient que i'ayme le Laict,
Pourquoy sa couleur me plait,
Plus que des Roses vermeilles :
Pourquoy la belle candeur
De cette douce liqueur,
De Neige fraische semée ;
M'a si fortement espris,
Que cette Fleur embaumée
Me paroist de moindre prix.

En cette liqueur ie prise
La pure sincerité,
Qui de son integrité
Ne nous fait point de surprise :
Elle ne pert point nos sens,
Par des charmes plus puissans
Que n'estoient ceux de Medée ;
La pointe de la Raison
Ne se sent point obsedée,
Par sa lache trahison.

De sa source naturelle
Libre elle se donne à nous ;
La violence des coups
Ne doit point la rendre telle :
Ny le pressoir, ny les fers,
Ny les durs cailloux souffers,
Ne la rendent point fertile ;
Il ne faut que caresser
D'vne main douce & facile
La peau qui la veut verser.

On

On dit que le premier Pere,
Exilé du Paradis,
De cette boisson iadis
Assoupissoit sa misere ;
Qu'ennuyé de boire l'eau,
Qui couloit dans le ruisseau,
Sous le pied de sa cabane ;
Il accusoit plus souuent,
Et sa compagne profane,
Et son appast deceuant.

Elle qui connoit la cause
De ce querelleux propos ;
Pour obtenir le repos,
Toute chose se propose :
Par bon-heur elle apperçoit
Vn doux Agneau qui succoit
La mammelle de sa mere ;
Et goustant de la liqueur,
Elle void que le bon Pere
S'en peut réjouyr le cœur.

Elle prend la tendre efcorce,
De l'Arbre le plus prochain,
Et l'aiuftant de fa main,
Y verfe fa douce amorce :
Au Pere elle la fait voir,
Qui foupçonnant le pouuoir
De fa Compagne trompeufe ;
Tempere encor fon defir,
Craignant que cette Eau pipeufe
Ne luy face déplaifir.

La femme iure, coniure,
Et protefte mille fois,
Que ce petit plat de bois
Ne cache point d'impofture :
Elle ne craint d'en goufter,
Pour l'empefcher de douter,
Et le mettre en affeurance ;
Mais il a tróp épreuué,
Que faute de défiance,
Tous les maux l'auoient trouué.

Enfin

Enfin elle fut maiſtreſſe
De ſon obſtination ;
La iuſte apprehenſion
Fut moindre que ſon adreſſe :
Le bon Pere ayant gouſté
De ce breuuage vanté,
Le trouua fort agreable ;
Luy-meſme prit des eſclats
De l'Arbre le plus ſortable,
Pour faire de plus grands plats.

La femme pleine de ioye,
Du ſuccés de ſes deſirs,
Inuente mille plaiſirs
Sur cette nouuelle proye :
Tantoſt de cette liqueur
Elle ne prend que la fleur,
Et la Creſme delicate ;
Sur ce Nectar eſpaiſſy
La blanche couleur eſclate,
Comme du Marbre endurcy.

Les Descriptions

Tantost elle la congele,
Vnissant toutes ses parts ;
Et ces petits biens espars
L'vn sur l'autre elle amoncele :
Il s'en forme vn beau Rocher,
D'où l'on se peut approcher,
Sans crainte d'aucun naufrage ;
Vn petit tremoussement
Agite le haut estage
De ce riche Diamant.

Par de petites reprises
Elle le bat doucement,
Et forme insensiblement
Des merueilles non apprises :
La douce cresme du lait,
Au delà de son souhait,
Se change en corps plus solide ;
L'Element se croit charmé,
Qui n'ayant rien de liquide,
Se trouue en Beurre formé.

Sur cette belle matiere,
Elle passe plus auant ;
Et d'vn esprit plus sçauant
Elle prend plus de lumiere :
Le Fromage par son art
Se flanque sur le rampart
D'vne ferme consistance ;
Elle en moule de plus gras,
Qui d'vne molle substance
Se pressent tousiours en bas.

Le Mary void les richesses
De ce breuuage nouueau ;
Et cherit le gras troupeau,
D'où luy viennent ces caresses :
Il ayme le bel esprit,
Qui si promptement apprit
Ces adresses de ménage ;
Prenant plaisir de charmer
Par cét innocent breuuage
L'ennuy de son dueil amer.

Ainsi

Les Descriptions

*Ainſi, cher Ariſte, i'ayme
Ton naturel tout de lait;
C'eſt ceſte candeur qui fait
Ma felicité ſupreme:
La franchiſe de tes mœurs,
Maiſtreſſe de tous les cœurs,
Eſt mon ſouuerain partage;
Ce Cœur rauiſſant me plait,
Que la langue & le viſage
Repreſentent tel qu'il eſt.*

LE GRENADIER.
ODE.
Aimer le Prochain.

QVELLE prodigieuse Pomme
Pendante à ce petit rameau,
Découure vn Incarnat plus beau
Que n'estoit la Pourpre de Rome ?
Ce poisson iadis recherché,
Dans les Mers d'Afrique pesché,
Auroit-il fait cette teinture ?
Ou si quelque sçauante main,
Appliquant icy la peinture,
En a fait vn ouurage humain ?

Cette merueille sans seconde
Nait-elle de cét Arbrisseau ?
Et qui peut estre le pinceau,
Qui peint le plus beau fruit du monde ?
Est-ce de Toÿ, que vient ce Grain,
Des autres grains le souuerain,
De toy qui parois si difforme ?
Est-ce toy petit, & tortu,
Qui nous donnes ce fruit enorme,
De tant de beautez reuestu ?

Tu n'as que des branches menuës,
Qui naissent sur vn tronc noüeux ;
De tes autres membres gouteux
Ces beautez ne sont pas venuës ;
A peine te void-on monter,
Et parmy les Arbres porter
Le sommet de ton humble teste ;
D'où vient donc que tu t'es paré,
De la plus illustre conqueste,
Dont le Monde soit honoré ?

Sans

Sans doute ta branche preſſée
Sous le faix de ce fruit charmant,
Indigne de cét ornement,
De honte ſe tient abaiſſée :
Elle courbe de tous coſtez,
Les plis de ſes membres voutez,
Sous le fardeau qu'elle a veu naitre ;
Eſtonnée auſſi bien que moy,
Que ce fruit que tu fais paraiſtre,
Ait pris ſa naiſſance de toy.

Mais ie voy que l'eſcorce ouuerte,
Deſchirant ſes tendres habits,
Fait parade de ces Rubis,
Qu'elle eſtime plus que ſa perte :
I'apperçoy ces nouueaux Soleils,
Qui de leur petits corps vermeils,
Eſlancent des traits de lumiere ;
Qui rompans leur captiuité,
Se pouſſent hors de la barriere,
Deſireux de la liberté.

Les Descriptions

Les uns d'une couleur brillante,
Surprennent nos foibles regars,
Lançans les feux de toutes parts
De leur Ecarlate luisante :
Des autres l'esclat temperé,
Sous un Rouge plus moderé,
Découvre une couleur plus sombre ;
Ménageant si bien les appas
De cette pourpre & de cette ombre,
Qu'il agrée, & n'éblouït pas.

Chacun est rangé sur sa file,
Et n'ose sur l'autre avancer ;
Tous sçavent si bien s'ajancer,
Qu'on ne connoit le plus habile :
Leur estude & leur volupté
Est d'oster l'inegalité,
Qui blesseroit leur ressemblance ;
En ce point seul ils sont rivaux,
Que tout l'effort de leur puissance,
Est de se maintenir égaux.

Le tiſſu leger d'vne toile,
Les ſepare en les vniſſant;
Dans ce Ciel de lait blanchiſſant
Le grain brille comme vne Eſtoile:
L'Iuoire ainſi donne vigueur
A l'ébloüiſſante rougeur
Du Saphir entouré de flamme;
Ainſi le Lis par ſa pâleur
Jette plus fortement dans l'ame
La Roſe & ſa haute couleur.

Pomme des pommes ſouueraine,
Qui dois ignorer le tombeau;
Qu'on admire dés le berceau
Eſleuë & couronnée en Reyne:
Si ta riche fecondité
Nous deſigne la Charité,
Que la Couronne t'eſt bien deuë!
Et les mortels reconnoiſſans
Doiuent à ta beauté connuë
Dreſſer des Autels innocens.

C'est de Toy qu'ils doiuent apprendre
A conceuoir de saints amours,
Et d'vn veritable secours
Mutuellement se defendre :
C'est Toy, qui de leur vnion,
Libre de toute Ambition,
Dois estre le parfait modelle ;
Qui leur dis que nulle vertu,
Ne peut iamais paroistre belle,
Si le frere en est combatu.

LES FORESTS.

ODE.

Aimer la Solitude.

RANDS Arbres, de qui les années
Sont vieilles dans mon souuenir,
Et qui d'vn long-temps auenir
A peine seront terminées:
Vieux Chesnes, qui de vos rameaux
Preparez aux foibles oyseaux
L'asseurance d'vne retraite;
Chez qui trouue leur pauureté
Vne demeure tousiours preste
A vaincre la necessité.

Amples

Les Descriptions

Amples Troncs, d'vn verd edifice
Aimable & solide soustien ;
Corps viuans, qui ne deuez rien
Aux doctes soins de l'Artifice :
Prenez sous l'ombre de vos bras
Vn esprit lassé du tracas,
Qu'apporte le soin des affaires ;
Moderez ses tristes ennuys,
Par vos entretiens solitaires,
Et par le charme de vos nuits.

Il me semble déja que l'ombre
Qui vous dérobe à la clarté,
Par son aimable obscurité
Dissipe mon humeur plus sombre :
Que le sentiment de mon mal
Trouue son remede fatal
Dans l'absence de la lumiere ;
Et que sous ces nuages verts,
Mon esprit void vne matiere,
Capable des plus nobles vers.

Ces

Poëtiques.

Ces branches en l'air estenduës
Ne donnent point place au jour ;
Elles defendent ce sejour
Par leurs Arcades suspenduës ;
Pompeuses en leur ornement,
Elles ont vn riche cimant,
Dans les feüilles de leur ramage ;
De ces petits peuples pressez
Elles font vn espais nuage,
Dont les rayons sont repoussez.

Le Soleil jaloux de sa gloire,
Darde la pointe de ses feux ;
Sur ce vert tissu de cheueux
Pretendent vne ample victoire :
Mais les rameaux entrelassez,
Dans leur feüillage ramassez,
Font vne si bonne deffence ;
Que des Feux le plus violent
Ne peut de sa haute puissance
Forcer ce Bastion branlant.

Le Zephir de sa douce haleine
Soulage l'ardeur du combat ;
La branche doucement s'abat,
Et prend plaisir à cette peine :
La feüille s'ouure à ses soûpirs,
Et s'accommodant aux desirs
De ce soufle qui luy rend l'ame ;
Elle le conduit mollement,
Sans donner passage à la flamme,
Dans son plus riche apartement.

Cét Esprit d'Ambre se promeine
Dans ces delicieux détours ;
Du feu chaste de ses amours
Il n'est branche qui ne soit pleine :
Il s'en esleue vn petit bruit,
Que nul autre son ne détruit,
Témoin de leurs douces caresses ;
C'est le discours que cét Amant
Mesle à ses pudiques tendresses,
Pour monstrer son contentement.

Poëtiques.

Les oyseaux rauis d'vn langage,
Qu'ils conçoiuent parfaitement,
Excitez de ce mouuement,
De la voix reprenent l'vsage ;
Ils ioignent leurs douces chansons
Au branslement de leurs maisons,
Qui mignardement les balance ;
Et du mouuement de leurs toits,
Ils font vne rare cadence,
Qui s'accorde au ton de la voix.

La Terre couuerte de mousse,
Agreable sous ce veloux,
Estend ce qu'il a de plus doux
Sur les petits rocs qu'elle émousse :
Ils en font vn siege plus mol,
Et prestent doucement le col
A la toison qui les habille ;
Elle pleine de gayeté
Estend ses bras, & s'éparpille
Sur le rocher qu'elle a donté.

Les Descriptions

En ce lieu le sage Silence
Découure à loisir son secret,
Et rien à ce Dieu si discret
Ne fait icy de violence :
Il satisfait tout son desir,
Sans que rien de ce doux plaisir
Interrompe la quietude ;
Il y tient vn muet discours,
Demandant à la solitude
L'auantage de son secours.

Seons nous sur cette herbe molle,
Jouyssons de ce cher repos ;
Escoutons les sacrez propos,
Que ce Dieu tient en son escole :
Il a des charmes rauissans,
Capables d'arracher nos sens
Des objets pleins de tromperie ;
Il fait voir des goutes de miel,
Qui d'vn masque de fourberie
Couurent vne masse de fiel.

L'ORAN

L'ORANGER.

ODE.

Faire du bien en tout Temps.

EL Arbre icy transplanté
Du Iardin des Hesperides ;
D'outre l'Ocean porté
Sur le dos des Nereïdes :
En qui deux nobles metaux
Disputent comme riuaux,
Pour te rendre plus aymable ;
Qui d'vn rameau tousiours vert
Te conserues agreable,
Contre l'effort de l'Hyuert.

Les Descriptions

Fuy le fascheux Aquilon,
Cher Arbre, vien dans ton antre ;
Il s'enfle comme vn balon,
De la poitrine & du ventre ;
Il pousse de tous costez,
Par souffles precipitez
Vne haleine violente ;
Tout l'Air souffre les frissons
D'vne fievre pestilente,
Que luy causent ses glaçons.

S'il te rencontre dehors,
Helas ! c'est fait de ta vie ;
La beauté de tes thresors,
Pour iamais sera rauie :
Il te bruslera le teint,
De vert & de iaune peint,
Par vne cause contraire ;
Si seul il te peut trouuer,
Quoy que ie tente de faire,
Rien ne te pourra sauuer.

Vien dans ton Palais d'Hyuert,
Vien donc, bel Arbre d'élite ;
Mets tes branches à couuert
De cette haleine maudite :
Entre dans ce Pauillon,
Où le mortel Aquilon
N'a iamais porté son aisle ;
Il est au Midy percé,
Et d'vne paille nouuelle,
Par tout il est tapissé.

Je voy déja que ton sein
S'ouure à trauers ton escorce ;
Ie voy que tu parois plein
D'vne vigoureuse force :
Que le vert de ton bouton
Deuelope le coton
D'vne merueille inconnuë ;
Et que Flore aux blonds cheueux,
Pour voir ta fleur toute nuë,
Charge le Zephir de veux.

Les Descriptions

L'argent, la neige, & le lait
Donnent ce qu'ils ont de rare ;
De ce doux esclat qui plait
Nul d'eux ne paroit auare :
Ils se couchent sur la peau
De ce miracle nouueau,
Coupé par lames subtiles ;
La fleur d'ayse s'éjoüit,
Et sur les branches fertiles
Ses füeilles espanoüit.

De cét Argent parfumé
Sort vne vapeur charmante ;
L'Air voisin est embaumé
De cette odeur surprenante :
Elle passe mille fois
Le rare & precieux bois,
Que la Palestine vante ;
Le Musc, l'Ambre, & le Parfum,
Et tout ce que l'Art inuente,
N'ont rien qu'vn attrait commun.

On

On voit luire en mille lieux
La belle Fleur en parade,
Qui du Cristal de ses yeux
Guerit le monde malade :
Le Monde qui tout glacé
Croiroit son lustre effacé,
Par le froid qui le domine ;
Si dans ce fascheux mal-heur,
Cette fleur toute divine
Ne moderoit sa douleur.

L'Hyuert se voyant donté,
Escume & fremit de rage ;
La fleur qui l'a surmonté
Doit essuyer son orage :
Il augmente ses efforts,
Il lance contre nos corps
Sa plus mortelle tempeste ;
Mais la Fleur sans s'esmouuoir,
Esleue tousiours la teste,
Pour marque de son pouuoir.

Les Descriptions

Mais si tost que le Belier
Touchera le sein de Flore ;
Que le rouge Cerisier
Sera ta luisante Aurore :
De ce riche Argent destruit
Tu nous donneras un fruit,
Tout émaillé de verdure ;
Dans ce doux commencement,
Il aura de la Nature
Le plus simple habillement.

Vne plus forte chaleur
Versant sur luy sa puissance,
Il quittera la couleur
Qu'il auoit en sa naissance :
Couuert du iaune metal,
Il ne verra rien d'égal
Dans le regne de Pomone ;
Tout reluisant en rayons,
Il acquerra la courone
Sur les fruits que nous voyons.

C'eſt le fruit qui fit perir
Les beaux deſſeins d'Atalante;
C'eſt l'or qui vint ſecourir
Vn Amant qui la ſupplante:
C'eſt celuy que les trois Sœurs
Contre tant de rauiſſeurs
Gardoient aux pris de leur teſte;
Celuy qu'Hercule enleua,
Dont cheriſſant la conqueſte,
Ses courſes il acheua.

De ce fruit s'écoulera
Vne liqueur douç'amere,
Qui du plaiſir donnera
Au Caton le plus ſeuere:
De ce ſuc delicieux
Le Nectar meſme des Dieux
Tire ce qu'il a d'aymable,
Titan n'a point de liqueur,
Qui luy ſoit plus fauorable,
Dans le gros de ſa chaleur.

C'est Toy, qui nous le fais voir,
Plante qui parois si belle !
C'est de ton rare pouuoir
Que ce fruit se renouuelle :
Ce beau Tronc droit & poly,
De nulle tache saly,
Sous vne fueille immortelle ;
Et le fruit qu'il portera,
Te doiuent rendre eternelle,
Ou nulle ne le sera.

Puis-je voir tant de bien-faits,
Sans que ie meure de honte !
De tant de maux que ie fais,
Tiendray-je si peu de conte !
Tu fais du bien en tout temps,
Et l'Hyuert & le Printemps
Nous chargent de tes richesses ;
Tu nous dis que nostre amour
Doit par de grandes largesses
Se signaler chaque iour

LES PRAIRIES.

ODE.

Penser à la Mort.

Ù sont ces campagnes fleuries,
Brillantes de mille couleurs ?
Où sont les innocentes fleurs
De tant d'agreables Prairies ?
Quelle cruauté du destin,
Trop desireuse de Butin,
A ravagé ces belles herbes ?
La Mort pouvoit mieux se souler,
Renversant les villes superbes,
Qu'en venant mes herbes fouler.

Les Descriptions

Cheres Herbes, voſtre baſſeſſe
Vous deuoit defendre du ſort ;
Vous deuiez adoucir la Mort
Par voſtre naiſſante tendreſſe :
Vos fleurs & leur chaſte beauté
Deuoient ramollir la fierté
De cette implacable Megere ;
Mais la laydeur, ny les attraits,
Ny le bon-heur, ny la miſere,
Ne peuuent émouſſer ſes traits.

Vous eſtiez hier des ſpectacles
Le plus doux, & le plus charmant ;
De nos yeux vous eſtiez l'Aymant,
Les rauiſſant par vos miracles :
Chez vous le plus beau de nos ſens,
Par mille objets diuertiſſans,
Trouuoit des amas de richeſſes,
Tout ce que l'Art a de parfait,
Dans ſes plus ſçauantes adreſſes,
Ne l'a jamais ſi ſatisfait.

Voſtre Tapis de ſa verdure,
Couuroit l'enclos de ce vallon;
Eſpandant ſes bords tout le long
De ce Theatre de nature:
Le Ciel me paroiſſoit jaloux
Des longs poils de ce beau veloux,
Qui paroit vos longues eſchines;
La Terre pour tant d'ornement,
N'auoit donné que peu d'eſpines,
Qu'elle donne ailleurs largement.

Sur ce fonds tant émerueillable,
Flore auoit couché ſes beautez;
Dans des eſpaces limitez
Traçant vne œuure inimitable:
Elle auoit en mille façons
Eſpuiſé les doctes leçons
De ſon aiguille & de ſa ſoye;
Et ſans rien emprunter de l'Art,
Elle auoit d'autant plus de joye,
Que moins il y prenoit de part.

De cette basse Broderie
Les interualles driaprez,
Surpassoient dans le vert des prez
Les émaux de l'Orfevrerie :
Les Topases & les Rubis
Estoient moindres que le tabis
De cette precieuse trame ;
Et les Astres du Firmament
Se regardoient priuez d'vne Ame,
Qu'auoit ce beau compartiment.

La Nymphe qui fait les fontaines,
S'accommodant à ce dessein,
Respandoit de son ample sein
La blanche liqueur de ses veines ;
Elle s'écouloit en ruisseaux,
Qui portoient leurs aymables eaux
Parmy ces Estoiles viuantes ;
Et pour leur maintenir le teint,
Souuent de ses Perles mourantes
Elle leur offroit le butin.

Le

Le ruisseau rauy du partage
Qui le rendoit si precieux,
Alloit d'vn pas delicieux
Mesurer ce noble riuage :
Si par fois vn petit rocher
Le poussoit vers ce lieu si cher,
Il aymoit cette violence ;
Et s'il en jettoit quelques cris,
C'estoit plustost de complaisance,
Que de colere ou de mespris.

Le frais de ce Cristal liquide,
D'vne file de saule verts,
Dont tous ses bords estoient couuerts
Defendoit l'onde moins rapide :
L'Arbre se courboit à demy,
Pour embrasser ce cher amy,
Le soustien de sa douce vie ;
Par vn rare consentement,
Chacun témoignoit son enuie,
De s'ayder mutuellement.

H

Les Descriptions

Maintenant toutes ces richesses,
Tristes despoüilles du cercueil,
Ne me sont que sujets de dueil,
Pour tant d'innocentes caresses:
L'acier rigoureux d'vne faux
A renuersé tous les trauaux,
Dont Flore tiroit son estime ;
Cét émail si net & si frais,
Que la Mort a pris pour victime,
Se change en funeste Cyprez.

De ces campagnes desolées
Le visage me fait horreur,
Mon Ame est pleine de terreur,
Pour tant de beautez immolées :
La Mort d'vn regard furieux,
Par tout se presente à mes yeux,
En quelque lieu que ie les tourne ;
Et perdant de si chers appas,
Elle me dit qu'elle sejourne
Icy comme dans les combas.

C'eſt donc là, funeſte dépoüille,
C'eſt voſtre charmant entretien,
De dire qu'il n'eſt point de bien,
Que cette cruelle ne ſoüille :
Que de ſon jauelot perçant,
Eſleué d'vn bras menaçant,
On ne peut deliurer perſonne ;
Et que la tendre fleur des ans,
Ny le ſceptre, ny la courone,
N'en parurent iamais exempts.

Que voſtre auis m'eſt profitable,
Que i'ayme cette verité !
Que voſtre triſte nudité
Maintenant me paroiſt aimable !
Vous me dites qu'il faut mourir,
Que rien ne me peut ſecourir
Contre ce coup inéuitable ;
Et que nos iours dans vn moment,
Par vn reuers épouuantable,
Verront ce ſubit changement.

Dites-le touſiours, cheres Herbes,
Qu'on ne peut euiter la mort;
Que c'eſt le naufrage, où le port,
Qui finit nos courſes ſuperbes:
Dites, mais efficacement,
Que la vie eſt vn veſtement,
Qu'on doit dépoüiller à toute heure;
Que la Ieuneſſe peut perir,
Qu'il n'eſt moment où ie ne meure,
Puis qu'en chacun ie puis mourir.

LE FER.
ODE
Les Armes du Soldat Chrestien.

QVEL bruit me frape les oreilles ?
D'où viennent ces coups redoublez ?
Les fiers Cyclopes accouplez
R'apellent-ils point leurs merueilles ?
Est-ce Vulcan plein de sueur,
Qui donnant au metal vne pâle lueur,
Prepare à son Heros d'incomparables Armes ?
Ou du Dieu Thracien n'est-ce point le soldat,
Qui pour rompre le chocq des sanglantes alarmes,
Se dispose luy mesme à l'horreur du combat ?

Je ne voy que fer & que flamme,
Les bluettes de tous costez,
Jettent leurs brulantes clartez,
Et me portent la peur dans l'ame :
Le metal n'a plus sa couleur,
Sous l'ardeur du charbon il rougit de fureur,
Bruslant mesme le feu qui sans cesse l'allume ;
Le Cyclope pourtant le rend obeïssant,
Et comme si son bras ne frapoit qu'vne plume,
Il le tourne à plaisir sous vn fer plus puissant.

Ce lourd corps change de nature,
Il s'allonge en mille façons ;
Il est capable des leçons
Dont l'Art dispose sa figure :
Il prend du Cercle la rondeur
D'vne lame estenduë il reçoit la longueur,
Comme veut l'Ouurier il se courbe & se plie ;
Il se laisse presser à la main qui le suit,
Et quittant sa froideur, de soy-mesme il s'oublie,
Se moulant sur les tours du fer qui le conduit.

Ne craignez vous point cette lame,
Qui de son dos éblouïssant,
Découure vn tranchant menaçant,
Dont la terreur passe dans l'ame ?
Elle va couper des Lauriers,
Où Mars dans sa Forest les garde plus entiers,
Pour faire aux Conquerants de pompeuses Couronnes ;
Elle va, dans le sein d'vn pays rauagé,
Par le sang espandu de cent mille personnes,
Vanger le deshoneur d'vn Monarque outragé.

Mais, ô Ciel ! quels amas funestes
De cercles, de pots, & de traits ?
Quel Monstre ennemy de la Paix
Inuente ces cruelles pestes !
N'est-ce point icy l'Arsenal,
Où la Mort contre nous arme son bras fatal,
Quand elle veut dresser les marques de sa gloire ?
Quand jonchant d'vn reuers les campagnes de morts,
Trainant à ses costez la force & la victoire,
Elle roule son char sur des monceaux de corps ?

Ses

Ses plus dangereux artifices
Sont dans ces Cercles renfermez ;
Ces pots en Grenades formez
Couurent l'horreur de ses malices :
Souuent on la verra dans l'air
Sous le poids d'vne Bombe horriblement voler,
Ramassant en ce fer ce qu'elle a d'effroyable ;
Apres à l'impourueu retombant sur ses pas,
Déchirer de ce fer la masse épouuantable
Et porter en cent lieux cent funestes trépas.

Ces Boulets qui dés leur naissance
Pressent la Terre de leur poids ;
Imitans du foudre la voix,
En auront bien-tost la puissance ;
Des murs les redoutables forts,
De ces foudres mortels espreuuans les efforts,
Verront bouleuerser leurs bastions superbes ;
Les remparts esleuez, les orgueilleuses Tours,
Cacheront leurs sommets sous la pointe des herbes,
Dépoüillant les humains de leur foible secours.
O Traict

O Traict le plus abominable,
Dont la Mort se puisse seruir !
O seul capable d'assouuir
Son auarice insatiable !
Quelle Megere t'a formé ?
Quel Demon dans le bronse apres t'auoir fermé,
T'enflamme tout à coup de fureur & de rage ?
Qui donne tant de force à ta rapidité,
Qui te fait des mortels l'effroyable rauage,
Achetant de nos maux ta fausse liberté ?

Quittons ces Armes menaçantes,
Presages d'horreur & d'effroy ;
Prenons celles que nostre Foy
Rend plus iustes & plus puissantes :
Que le Baudrier de verité
Ceigne tousiours nos reins de sa ferme equité,
Que le corps soit couuert des œuures de Iustice ;
Le Casque de salut, la Foy par son bouclier,
Nous defendant des traicts de l'Esprit de malice,
Semeront des moissons de palme & de laurier.

Les Descriptions

LE SOVFRE.
ODE.
Craindre l'Enfer.

QVI fait ce meslange effroyable
De deux contraires Elemens?
Qui fait qu'en leurs esloignemens
Leur approche soit redoutable?
D'où te vient cette extreme ardeur,
Dernier des Elemens, d'où vient que ta froideur
S'embrase au premier chocq de ton rude Aduersaire?
Et Toy, le plus subtil, & qui montes tousiours,
Qui t'atache si tost à ce corps si contraire,
Que pour le caresser tu prens vn autre cours?

A peine

Poëtiques.

A peine cette escaille dure
A veu ta flamme s'approcher,
Que brisant son cœur de rocher,
Elle t'en a fait ouuerture.
A peine d'vn œil esclairé
Découres-tu de loing ce mineral doré,
Que ta flamme a grand vol vers luy se precipite ;
Tu le prens à costé, tu l'attaques de front,
Et quoy qu'à tout brusler tu loges ton merite,
Jamais a t'en flammer tu ne parus plus prompt.

N'est-ce point que cette matiere
Te donne vn sentiment d'amour
Qu'elle peut fournir vn beau jour,
Qui donne esclat à ta lumiere,
Ou si d'vne autre passion
Opposée à l'amour tu sens l'impression,
Bruslé du nouueau feu d'vne facheuse haine ?
Et que pour assouuir ce dédain eternel,
Tu veüilles consumer d'vne eternelle peine,
Sans espoir de pardon, cét objet criminel ?

Et toy, Mineral peu sensible,
Pourquoy luy sers-tu d'aliment ?
Pourquoy d'un prompt esloignement
Ne fuis-tu ce tourment horrible ?
Pourquoy de ton corps malheureux
Nourris-tu si long-temps cét Hoste furieux,
Qui te ronge le cœur sous de feintes caresses ?
Qui perçant jusqu'aux os, ne veut paroistre lent,
Et ne retient l'ardeur de ses flammes traistresses,
Que pour te devorer d'un mal plus violent ?

Ha, triste & funeste spectacle,
Objet digne de nos frayeurs !
Par qui nos mortelles erreurs,
Se peuuent guerir sans miracle :
Mineral tiré des Enfers,
Aliment de leurs feux, souuenir de leurs fers,
Ce rayon quoy qu'imparfait de leurs atroces peines,
En ces sombres cachots tu nous dis le malheur,
De ces feux regorgeans tu nous dis les fontaines,
Et de ces Criminels l'immortelle douleur.

Ie

Poëtiques.

Je voy de sombres ouuertures
Au centre de ton Element ;
Je voy ce stable fondement
Fermer d'horribles Creatures :
Ie voy ces tombeaux destinez
A punir les forfaits des Esprits obstinez,
Porter de leur malheur les enseignes funebres ;
Sous le foible rayon d'vne pâle clarté,
Ie découure l'horreur des mortelles tenebres,
Qui joignent à ces feux leur triste obscurité.

Par tout les deluges de flammes
Roulent leurs rapides torrens,
Et de leurs tourbillons errans
Trainent les criminelles Ames :
Il n'est point d'air que de ce feu,
Et le poulmon ne peut respirer tant soit peu,
Qu'il n'attire chez-soy cette peste brûlante ;
La bouche s'en remplit, les narines, les yeux,
Les pores sont percez de cette eau violente,
Et les os calcinez de ce mal furieux.

L'Esprit ainsi qu'vne fournaise
Eslance la flamme dehors ;
Et comme s'il estoit vn corps,
Il vomit des fleuues de braise :
Elle debonde par les yeux,
L'oreille & le nez rend ce flot iniurieux,
Les pores sont baignez de cette onde mortelle ;
Des membres ensouffrez il la sent rejallir,
Chacun à l'Element sert de source eternelle,
D'où sans jamais cesser il la verra saillir.

Sous la forme de cent viperes
Les plus horribles passions,
Rongent ces pauures Ixions
De leurs plus sensibles miseres :
La Crainte s'y fait ressentir,
Le Desespoir, la Rage, & le fol Repentir
Percent ces reprouués d'vne dent outrageuse ;
Le Dépit, la Vangeance, & la Temerité,
Vengent sur ces mutins l'iniure malheureuse,
Dont le contraire effet flatoit leur liberté.

Vne

Poëtiques.

Vne odeur relante s'exhale
De ces cadaures animez,
Qui dans ces cachots abismez,
Rend l'air & la flamme plus sale :
Le lieu n'a point de souspirail,
Qui deliure le sens de ce facheux trauail,
Prenant d'vn air nouueau quelque douce halenée ;
De l'odeur renfermée, il se forme vne humeur,
Dont l'Ame comme vn corps horriblement gesnée,
Souffre de ce marais l'extreme puanteur :

C'est assez, Aliment de flamme,
Tu m'as dit trop de veritez,
Rapellant mes sens reuoltez,
Tu fais emprainte dans mon Ame :
Tu me fais voir que les pechez,
Dont les cœurs obstinez se trouueront tachez,
Ouuriront de ces feux les cachots redoutables ;
Helas ! si je te croy, ne les fuiray-je pas ?
Et puisque ce poison fait seul ces miserables,
Me lairray-je charmer à de si faux appas.

LA

Les Descriptions

LA VIOLETTE.

ODE

Auantage de l'Humilité.

ETITE Aurore du Monde,
Messagere du Printemps,
Auant-courriere du Temps,
Qui rends la terre feconde;
Premier espoir de ses maux,
Soulagement des trauaux,
Dont Aquilon la tourmente;
Chere Fille du Soleil,
Par qui cét Astre se vante,
D'auoir chassé le sommeil.

Dis

Poëtiques.

Dis moy, d'où te vient l'audace
De chercher si tost le iour ?
Sçais-tu bien que ce seiour
Peut encor voir de la glace ?
L'Hyuert tient encor les champs,
L'Arondelle de ses chants
N'a point frapé nostre oreille ;
Et la Bise aux cheueux gris,
Si par fois elle sommeille,
R'apelle tost ses esprits.

Il est vray que le grand Astre
Souffrant de nostre douleur,
Anime vn peu sa chaleur
Pour vaincre nostre désastre :
Et qu'ennuyé de ce dueil,
Qui le tient dans le cercueil,
Depuis le cours de trois Lunes,
Chassant ce somme de mort,
Il veut que nos infortunes
Se changent en meilleur sort.

Mais les facheuses gelées,
N'ont pas repassé la Mer;
Elles peuuent consumer
Tes belles feüilles perlées;
L'Air est encor refroidy,
Le Monde encore engourdy
Demeure dans la soufrance;
Et les germes enterrez,
Vuides encor d'esperance,
Se tiennent plus resserrez.

D'où vient donc que tu t'exposes
Au trait cruel de la mort?
Pourquoy dontant ton effort,
N'attens-tu l'âge des Roses?
Aimes-tu si peu le iour?
As-tu pour luy tant d'amour,
Que pour le voir tu perisses?
Si tu veux te ménager,
Des rencontres plus propices
Te mettront hors de danger.

Tu romps toutefois les portes
De ton austere prison,
Et d'vne douce saison
Les nouuelles tu nous portes:
Tu ressembles cét Oyseau
Qui vint chargé du rameau
De la verdoyante Oliue;
Lors que ce Tout n'estant qu'eau,
Noé cherchoit vne riue,
Pour arrester son batteau.

Ne crain point, ta petitesse
Te defend des Aquilons;
Et ces dangereux ballons
N'attaquent point ta bassesse:
Ta Mere le veut ainsi,
Pour amoindrir le soucy
Qu'elle prend de ta naissance;
Conoissant que le haut Pin
Espreuue la violence,
D'où se deliure le Thin.

Ainsi quoy que de l'Amende
Le fruit se perde souuent,
Contre l'aspreté du vent
Que rien sa fleur ne defende :
Seule parmy les frissons
Des renouuelez glaçons
Tu gardes ton Amethyste ;
La Neige par sa froideur,
Ne peut dissiper la piste,
Que marque ta douce odeur.

Agreable violette,
Tableau de l'Humilité ;
Fais que de ma vanité,
L'enfleure à tous se sousmette :
Qu'auoüant ce que ie suis,
Conoissant ce que ie puis,
Je me tienne contre terre ;
Qu'asseuré sous ce rampart,
Je ne craigne point la guerre,
Où le Monde a tant de part.

LA ROSE.

ODE.

Le bien des Aduersitez.

ETIREZ vous, tristes Espines,
Rompez la pointe de vos dards,
Aiguillons sur ce bois espars,
Rentrez dans vos sombres racines,
Changez-vous en petits Zephirs,
Qui du soufle de leurs souspirs
Ouurent le jour à cette Aurore ;
Gardez bien de plus empescher
La belle naissance que Flore
Dispose à ce bouton si cher.

Petites goutes de Rosée,
Ames des Fleurs, rayons de miel,
Delicate Manne du Ciel,
Dont cette Plante est arrosée;
Aidez mon honneste dessein,
Découurez le pudique sein,
Qui tient captiue sa naissance;
Que vostre Eau de fertilité,
Donne pouuoir à l'impuissance,
Dont ce thresor est arresté.

Et vous Soleil, Pere des choses
Que composent les Elemens,
Qui faites de leur changemens
De si nobles Metamorphoses;
Pouuez-vous souffrir plus long-temps
Que ce Miracle du Printemps
Soit priué de vostre lumiere?
Que l'effet de vostre bonté
Ne puisse forcer la barriere,
Qui le tient en captiuité?

Enfin

Enfin cette rare merueille
Se déuelope heureusement ;
Déja ce chaste enfantement
Nous monstre vne feüille vermeille :
Le berçeau tapißé de vert,
En plusieurs endroits découuert
Ne cache plus sa belle flame ;
Il fait place à ce petit corps,
Qui de mille costez l'entame
Par ses doux & puißans efforts.

Je voy des feüilles entaßées
Teintes d'vne rouge couleur,
Que quelque reste de paleur
Tient encore vn peu ramaßées :
Chacune imperceptiblement
Se détache du doux ciment
Qui de mille n'en faisoit qu'vne ;
Et chacune dans cét escart
Trauaille à la beauté commune,
A qui toutes donnent leur part.

Déja

Les Descriptions

Déja ce petit Tout composé
Par ses heureux dénoüemens,
Mélangez d'entrelassemens,
Le commencement d'une Rose :
Qu'il est vif & qu'il est brillant,
Que sur le vert estincelant
Il usurpe un puissant Empire !
Qu'en ce premier ébauchement,
Il n'est feüille qui ne desire
De seruir à son ornement !

Comme les vertes Nereïdes
Découurant le rouge Coral,
Quittent leurs Grottes de cristal,
Pour pescher des branches humides :
D'un pied prompt & d'un bras leger,
On les void sous l'onde nager
Par mille bonds & mille fuites ;
Et pour ces riches ornemens
Employer autant de poursuites,
Que le flot de tournoyemens.

Ainsi

Ainsi l'agreable verdure
Desireuse de ce bouton,
Voudroit que chaque rejetton
Portat cette rare parure :
La feüille semblant se presser,
Ne souhaitte que d'embrasser
Le pied de ce parfait miracle ;
L'Espine semble balancer,
Et courroit à ce beau spectacle,
Sans la crainte de l'offencer.

Est-ce vne fleur ? ou si la flamme
Brusle les bords de ce Rosier ?
Est-ce vn rubis, que l'Ouurier
Aduantageusement entame ?
N'est-ce point la rouge liqueur
D'vn Heros autrefois vainqueur,
Qui nous donne vn heureux presage ?
Ne seroit-ce point le Soleil,
Qui sous cette viuante image
A voulu tracer son pareil ?

Les Descriptions

Certes cette merueille écloſe,
Dans demain s'eſpanoüira,
Et la Terre s'eſioüyra
D'auoir mis au iour vne Roſe:
Les feüilles ouuertes en rond
Egalement couronneront
Le bouquet d'or qui les partage;
Et ces petits filets dorez,
Superbes de cét auantage,
En paroiſtront mieux colorez.

L'Aurore prepare vne Eſſence
Du Nectar au Baume meſlé,
Pour jetter ſur cét or filé,
Et rendre auguſte ſa naiſſance:
Elle meſme viendra demain
Parfumer de ſa belle main
Le cher Nourriſſon qu'elle adore;
L'odeur ſurprendra les mortels,
Et le rauiſſement de Flore
Voudra luy dreſſer des Autels.

C'est alors, vaillantes Espines,
Que vous ferez vostre deuoir,
Qu'on aura crainte de vous voir
Porter hautes vos Iauelines :
Alors n'espargnez point vos dards,
Exposez-vous à tous hasards,
Pour garder vostre Souueraine ;
Et tirez hardiment le sang
De la main qui de vostre Reyne
Cruelle percera le flanc.

J'auois tort, petites Princesses,
D'accuser vostre dureté ;
De vostre agreable fierté
La Rose tire ses richesses :
Elle vous reconnoist pour Sœurs,
De vous contre ses agresseurs
Elle fait toute sa defence ;
Et reconnoist que sa beauté
N'a de pompe ny de puissance
Que de vostre seuerité.

Ainsi vostre Leçon divine
M'apprend que la Calamité
De la douce prosperité
Est la plus durable origine :
Qu'il n'est point de bien plus certain,
Dans le cours de nostre destin,
Que celuy qui naist des Espines ;
Et qu'il faut cherir le bon-heur,
Qui tire ses longues racines
Des rudes assauts du mal-heur.

LES MONTAGNES,

STANCES.

Plainte du Voyageur, contre les Alpes.

Insurmontables Monts, Rochers, Alpes, chenuës, (meurs,
Enfleures de la Terre, orgueilleuses tu-
De son dos empoulé déplorables laideurs,
Qui d'vn front sourcilleux vous portez sur les Nuës:
Regne des Aquilons, froid sejour des Hyuers,
Où la Nature pert ses ornements diuers,
Pour souffrir les tourmens de vos glaces steriles;
A nos justes souhaits fâcheux empeschement,
Rendrez-vous en tout temps nos efforts inutiles,
Opposant de vos corps le long retardement?

Rochers, suffit-il point que d'vne fiere audace
Vous alliez attaquer le celeste sejour?
Que l'auguste Flambeau qui nous donne le jour
Souffre presque chez soy vostre orgueilleuse glace?
Falloit-il vous couper, defendre, & retrancher,
Par tant de bastions nos abords empescher,
Assemblans en vous seuls les objets plus terribles?
Le passage d'vn Homme est-il si dangereux?
Qu'à ses pas innocens pour estre inaccessibles,
Vous vouliez de tout point deuenir mal-heureux?

On ne peut vous tenter que par des precipices,
Il nous faut pour vous vaincre encourir mille morts,
Et tout ce qu'ont gaigné nos plus nobles efforts,
C'est de chercher la mort par des morts plus propices,
Les lieux dont le Cheureuil tourne son pied leger,
Où le viste Chamois n'ose pas s'engager,
Où le Roy des Oyseaux craint de porter son aisle;
Sont les lieux qu'il nous faut mesurer de nos pas;
Où nous deuons marquer vne trace nouuelle,
Et pour vn pied de terre auoir mille combats.

Des

Dès Hyuers eternels vous estes la demeure,
D'vn orage neigeux vous comblez les valons;
Vous armez la froideur des aspres Aquilons,
Tout chez-vous du Passant haste la derniere heure :
Vous pointez contre luy l'horreur de vos glaçons,
Esteignans sa chaleur par les mortels frissons,
Que vos tristes frimas répandent dans ses veines;
Et comme s'il pouuoit diuerses fois mourir,
N'estans pas satisfaits d'vne sorte de peines,
Vous les amoncelez pour le faire perir.

Les Neiges, dont la Nuë a parsemé vos testes,
Dont l'amas regorgeant inonde vostre sein,
Fauorisent encor vostre cruel dessein,
Et ne seruent pas mal à vos fieres conquestes :
De ce leurre menteur le Voyageur trompé,
Se trouue tout à coup d'vn gouffre enueloppé,
Que forme sous ses pas cét Element perfide;
Cét Appast deçeuant, cette Eau qui n'est pas eau,
Qui n'est pas encor ferme, & qui n'est plus liquide,
Et qui n'a de beauté que pour faire vn Tombeau.

De

De ce Mixte imparfait vous formez des Môtagnes,
Qui portent sur la Nuë vn front audacieux;
Et qui ne voyant rien sur elles que les Cieux,
Sont de vos cruautez les fidelles Compagnes :
Ou soit que par la fonte elles soyent des torrens,
Qui traînent la fureur de leurs ruisseaux errans,
Par les monts, les rochers, les champs, & les vallées;
Ou que sans se corrompre elles coulent en bas,
Et que perdant les fruits des campagnes foulées,
Hommes, bestes, maisons elles n'espargnent pas.

Allez, cruels Autheurs de nos pertes sanglantes,
Souffrez les froids Hyuers dont vous nous menassez,
Que tousiours de vos Rocs les sommets fracassez
Sentent du Ciel vangeur les pointes foudroyantes :
Et que de siecle en siecle il naisse vn Annibal,
Qui vous perce le cœur de ce brandon fatal,
Dont ce Prince autrefois alluma vos entrailles;
Qui portant dans vos Rocs Vulcan & sa terreur,
Brise vos bastions, renuerse vos murailles,
Et graue sur vos fronts l'excés de sa fureur

RESPONSE

RESPONSE DES ALPES,
STANCES.
Contre l'Ambition.

ABISME de desirs, Mortel insatiable,
Mont esleué d'orgueil, gouffre de vanité,
Qui d'vn pretexte faux de curiosité
Couures la saleté d'vn vlcere incurable :
Qui te fasches de voir que ton Ambition
Ne peut en liberté faire l'inuasion,
Dont elle menaçoit les Prouinces lointaines;
Qui du Monde voudrois les confins engloutir,
Qui le voudrois sans monts n'embrasser que des plaines,
Afin que sous tes loix il peut s'assujettir.

M

Tu te plains de nos Monts, de nos roches difformes,
Tu ne peux de nos froids supporter la rigueur,
De nos valons coupés tu blâmes la hauteur,
Et tu charges le Ciel de nos grandeurs énormes :
Sans voir que le desir de qui tu prens la loy,
Esleue un mont orgueil plus monstrueux chez toy,
Qui surpasse en grandeur les limites mortelles ;
Que ton ambition pleine de grands succés,
Rompant du Souuerain les bornes eternelles,
Ne contente iamais l'ardeur de ses excez.

Ces Rochers, dont tu veux reueler [reculer] les frontieres,
Que tu traites d'orgueil & d'obstination,
Deuoient seruir de bride à cette Ambition,
Et rompre sa fureur de leurs fortes barrieres :
Mais comme un fleuue enflé s'esleuant sur ses bords,
Brise ce qui s'oppose à ses puissans efforts,
Digues, ponts, bastions, murailles, & chaussées ;
Ainsi de nos Rochers le haut retranchement,
De nos Forts eternels les murailles glacées,
Sont pour ta passion un foible empeschement.

Ha

Ha mortel! falloit il, pour quelques pieds de terre,
Que la Nature employe à te faire vn tombeau;
Falloit-il allumer le funeste flambeau,
Perdant tout l'Vniuers, d'vne mortelle guerre?
Falloit-il pour souler vn desir déreiglé,
Pour suiure la fureur d'vn amour aueuglé,
Rendre de sang humain les campagnes fertiles?
Forcer de l'Eternel les asseurez ramparts,
Bouleuerser les Monts & les Roches steriles,
Et de mille trespas affronter les hazards?

Mais le Ciel te punit d'vne iuste vengeance,
De tes propres succés il fait le chastiment,
De ton Ambition il tire ton tourment,
Ne luy donnant pour fin qu'vne extreme indigence:
Elle perce les Monts, renuerse les Rochers,
Elle couure les Mers de cent mille Nochers,
Elle rend d'habitans les Prouinces desertes;
Mais ne pensant iamais qu'à ce qu'elle n'a pas,
Disetteuse elle tient au nombre de ses pertes,
Ce qui n'est pas sousmis à l'effort de son bras?

Les Descriptions

*Imprudent Voyageur, appaise donc ta plainte,
Cesse de nous charger d'vn crime auantageux,
Respecte les sommets de nos Monts orageux,
N'osant les aborder par vne heureuse crainte :
Nul n'a de l'Eternel les barrieres passé,
Nul des Monts, ny des Mers n'a l'obstacle forcé,
Que son sang criminel ne soit parmy la poudre ;
Iuge par le succez de tes vieux Conquerans,
Tous victimes du fer, du poison, ou du foudre,
Si Dieu ne punit pas iustement nos Tyrans.*

LE MIEL,
ODE.

Les plaisirs des Sens engendrent le dégoust.

RISTE, tu le desires
Que ie gouste de ce Miel ;
Pour cette Manne du Ciel
Je connois que tu soûpires :
Des long-temps tu m'as vanté
Ce bien hautement chanté
Par le Cygne de Mantoüe ;
Tu dis que ce rare Esprit
En cent rencontres le loüe,
Que mesme il nous l'a descrit.

A le voir, mon Ame esprise
En forme quelque desir ;
Elle conçoit du plaisir
Pour la liqueur qu'elle prise :
Elle ayme cette couleur,
Qui témoigne la chaleur
Dont cette Ambrosie abonde ;
Et voudroit bien raisonner,
Comme l'Abeille feconde
L'a sçeu si bien façonner.

Où prend tu, belle Ouuriere,
Ce thresor si precieux ?
N'apporte t'il point des Cieux
Et sa forme & sa matiere ?
Est-ce des Astres lassez,
Apres cent tours repassez,
La sueur douce & liquide ?
Ou si l'Aube à son réueil,
Par cette Rosée humide,
Veut appeller le Soleil ?

N'est

N'est-ce point l'ame des Roses
Des Tulipes & des Lis ?
De tant de charmes cueillis
Sans doute tu le composes ?
Tu trouues sur leur satin
Cét agreable butin,
Dont tu nous fais ces caresses ;
C'est la rare mine d'Or,
Qui te fournit les richesses
De ce rayonnant thresor.

Ou si la simple Rosée,
Prise dans ces plats d'émail,
Par ton insigne trauail
Se rend ainsi disposée ?
Si tes soins ingenieux,
Tes labeurs industrieux,
Nous donnent cette merueille ?
Et si le Miel tel qu'il est
A la ménagere Abeille
Doit son principal effet ?

Certes, c'est de ton ouurage,
Que cét or si precieux
Nous coule mille fois mieux,
Que du Pactole, ou du Tage :
Si iadis le bon Midas
Eut bien conceu les appas
De cét Or si profitable ;
Il n'eut couru le danger,
De se voir assis à table,
Sans y pouuoir rien manger.

Si du Romain l'auarice,
Qui le mit sous le carquois
Du redoutable Medois,
Par vn tres-iuste supplice ;
Si de cét Or seulement
Elle eut voulu largement
Assouuir sa soif extreme ;
La teste de ce perdu,
Qui cherchoit vn Diademe,
N'eust pas beu de l'or fondu.

Si le Caliphe barbare,
Que Memphis a redouté,
Eut de ce bel or gousté,
Quoy qu'il fut de l'autre auare;
Il n'eut par exactions
Exprimé les millions
De l'Egypte miserable;
Il ne fut pas mort de faim,
Couché sur son or coupable,
Le sien luy seruant de pain.

Pardon, Amy, ie te prie,
Ta Manne n'a plus de goust;
Contre ce fade ragoust
Ma langue lasse s'escrie:
En ayant si peu mangé,
Mon estomac est chargé
De ce fardeau trop nuisible;
Prenant de ce Miel si doux,
Qui croiroit qu'il fut possible
Qu'il apportast ces dégousts?

Faux plaisirs, fausses delices,
Que la Terre donne aux sens;
Objets toujours impuissans
A durer long-temps propices;
Quoy que vous montriez beaucoup,
Vous estouffez tout à coup
La douceur dans l'amertume;
Et souuent vostre liqueur
N'est qu'vne infernale escume,
Qui donne la mort au cœur.

L'OR,
ODE.
Plainte de l'Homme contre l'Or.

POISON surprenant de nos Ames,
Triste origine de nos maux ;
Or, le plus traistre des Metaux,
Cuit dans les infernales flammes ;
Ennemy mortel des vertus,
Par qui d'un masque faux les vices reuestus,
Esleuent dans nos cœurs leur detestable Idole ;
Toy qui de vains soucys viens nos esprits ronger,
Gaigneras-tu tousiours nostre esperance fole,
Par l'éclat deceuant d'vn appast mensonger ?

Les Descriptions

C'est de Toy, source abominable,
Que les vices acumulez,
Sortans de leurs Palais bruslez
Jnondent la Terre habitable ;
C'est de Toy, que des noirs pechez,
Par les graces du Ciel heureusement seichez,
Renaissent dans nos cœurs les puantes fontaines ;
Qu'abreuuez des ruisseaux de ce miel pestilent,
De sang & de poison nous portons les mains pleines,
N'ayant rien qui ne soit, ou fourbe, ou violent.

Le Monstre à cent bouches auide,
Qui ne dit iamais, c'est assés ;
Qui parmy les plus gras succés,
Ne demeure pas moins aride :
L'Auarice, ce vieux Tison,
Ne perdroit point sans Toy nostre aueugle raison,
Nous verrions sa laideur, & son sale visage ;
Pour ce spectre estonnant nous aurions de l'horreur,
Et preuoyans deslors son funeste rauage,
A l'abord de ce mal nous transirions de peur.

Mais

Mais le Ciel iuste t'abandone
A ses plus dures cruautez,
T'exposant aux rapiditez
De cette horrible Tysiphone :
Elle t'enferme auec raison
Dans les estroits cachots d'vne obscure prison,
Te traitant en Captif sous de fortes serrures;
Et sentant viuement les maux que tu luy fais,
Elle nous fait ce bien, qu'en vangeant ses iniures,
Elle retient au moins tes dangereux effets.

Que si tu peux changer de maistre,
Et quittant vne auare main,
Si du Pere au Fils plus humain
Tu viens à te faire conoistre :
Que ne fait ta profusion;
Portant ce ieune cœur, où tend sa passion
Dans vn triste pouuoir de commettre cent crimes?
Les lumieres du Ciel il te sent estoufer,
Et s'il a des vertus, ce ne sont que victimes,
Qu'il te void immoler aux Puissances d'enfer.

Les Descriptions

Fortifié de ta puissance
Il attaque la Pureté ;
Par tout auec impunité
Il fait deborder sa licence :
La Chasteté n'a point de forts,
Qui ne soyent ébranlez des dangereux efforts,
Que cét Esprit essaye, aidé de tes machines ;
Et si dans quelques-vns elle a peu ne perir,
Tant d'autres emportez découurent ses ruines,
Qu'on peut dire à bon droit que tu la fais mourir.

Si le noir Demon de vengeance
L'animant d'vn desir de sang,
Luy dit qu'il faut percer le flanc
A l'auteur d'vne simple offence :
Quoy qu'il fut ceint de toutes parts,
Que l'énorme grandeur des terrassez ramparts,
Le tenant à couuert, luy fournit vn Asyle ;
Si tu touches les mains de ses plus seurs Amis,
Pleignant de ses ramparts la deffence inutile,
A la rage ennemie il se verra soûmis.

Retour

Poëtiques.

Retourne, Auteur de nos miseres,
Pere de prodigalité,
Instrument de lubricité,
Retourne en tes lieux solitaires :
Replonge ta pâle couleur
Dans les sombres cachots, d'où pour nostre mal-heur
Nous t'auons mis au jour, te tirans des tenebres ;
Encrouste-toy de bouë & de sale limon,
Et reprenant là bas tes dépoüilles funebres,
Ne vien plus dans nos cœurs occuper le timon.

RESPONCE

Les Descriptions

RESPONSE DE L'OR,
STANCES.
Se conformer dans les souffrances, à la volonté de DIEV.

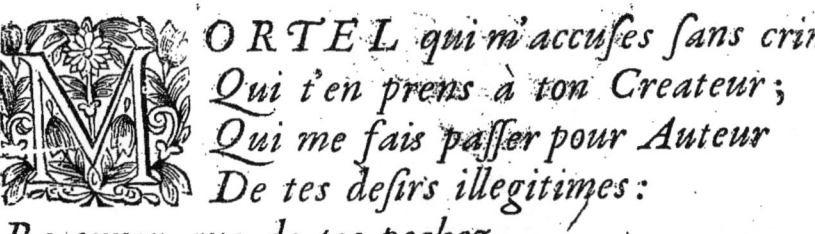

MORTEL qui m'accuses sans crimes,
Qui t'en prens à ton Createur;
Qui me fais passer pour Auteur
De tes desirs illegitimes:
Reconnoy que de tes pechez,
Les principes malins en toy-mesme cachez,
Ne doiuent sur autruy reietter leur offence;
Que si par ton abus ie sers à tes plaisirs,
Ne pouuant refuser ma iuste obeissance,
La faute est-elle pas à tes mauuais desirs?

Regarde

Poëtiques.

Regarde ces Peuples barbares,
A qui ma brillante toison
N'est pas vn dangereux poison,
Et ne les rend point plus auares:
Ils me foulent sans souspirer,
Et mon lustre esclatant ne fait point desirer
Qu'on le possede au prix de tes vices infames;
Je leur suis innocent, comme ie suis sans prix,
De tant de passions ie n'enflame leurs ames,
Par ce que de ma pompe ils ne sont pas épris.

Que si de ton mauuais vsage
Tes crimes prennent leur excés;
Si de mes plus heureux succés
Tu tires ton plus grand dommage:
Ne t'en pren qu'à ta volonté,
Qui tenant ce beau don de la Diuinité,
Pour l'honneur qu'elle doit ne luy rend qu'infamie;
Ou si mon faux éclat te cause ce mal-heur,
Que cette volonté luy deuienne ennemie,
Ostant à ce pipeur l'estime & la valeur.

O

Les Descriptions

Mais c'est moy que tu persecutes,
Que par mille trauaux soufferts,
Tu tires du fond des Enfers,
A trauers les plus hautes cheutes :
C'est moy, que par diuers tourmens,
Tu contrains d'épouser de nouueaux changemens,
Employant à mes maux tant d'illustres supplices ;
Tu n'espargnes le fer, ny le feu, ny les eaux,
Et pour te preparer l'aliment de tes vices,
Tu m'exposes sans cesse à de cruels bourreaux.

C'est peu que d'vn fer homicide
Arraché du sein maternel,
J'encoure l'opprobe eternel
D'auoir commis vn parricide :
Que comme vn serpent odieux,
Je ne voye en naissant la lumiere des Cieux,
Qu'en déchirant le flanc d'vne innocente Mere ;
Qu'apres les longs trauaux d'vn siecle à me former,
Elle n'ayt rien conçeu qu'vne horrible vipere,
Que plustost elle a deu dans son centre abysmer.

C'est

C'eſt peu que laué de cent ondes,
Sous pretexte d'impureté,
J'aſſouuiſſe la cruauté
De tes mains en peines fecondes :
Il me faut encore porter
Le dernier des tourmens qui ſe puiſſe inuenter,
Et ſouffrir les aigreurs d'vne peine nouuelle ;
Il faut que par le feu ie deuienne plus beau,
Et que comme vn Phœnix ſortant de la coupelle,
Ie tire mon eſclat des flammes du tombeau.

Encore apres, que de martyres !
Que de limes & de marteaux !
Par combien d'inſtrumens nouueaux
Prens-je l'eſtat que tu deſires !
Quels ſont tes violens efforts,
Pour me faire changer la maſſe de mon corps,
L'alongeant piece à piece en des lames legeres ?
Combien de coups mortels ne ſuporte-ie pas,
Pour perdre ma ſubſtance en feüilles menſongeres,
Et couurir vn bois mort de mes charmans appas ?

Les Descriptions

Au moins si tu pouuois apprendre
Vne excellente verité;
Si souple à la Diuinité
Mon exemple te pouuoit rendre;
Si comme moy dans la rigueur
Des plus aspres tourmens, tu prenois ta vigueur;
Purifiant ton cœur sous le feu des soufrances;
Ie tiendrois à plaisir les maux que tu me fais,
Pour tes outils d'horreur i'aurois des deferences,
Et tes feux deuorans me seroient des bien-faits.

Mais tu charges le Ciel de plaintes,
Lors que Dieu te voulant former,
Appliquant un remede amer
Vse de ses douces contraintes :
Le moindre mal te fait gemir,
S'il s'accroist tant soit peu, l'on te verra fremir,
Contre cét Ouurier, qui polit son ouurage;
Et lors qu'en t'acheuant, il te met sous les feux,
Tu t'armes contre luy, tu le charges d'outrage,
Au point que tu deurois luy rendre mille vœux.

Cesse

Cesse donc, Mortel miserable,
De m'accuser de tes pechez;
Laisse dans ces antres cachez
Ce metal que tu fais coupable :
Ou si tu veux le tourmenter,
Appren à ses dépens comme il faut supporter
Le coup qui de son poids oste & donne la vie;
Croy que de l'Eternel l'adorable Bonté
Par ces coups amoureux est bien plus assouuie,
Qu'en comblant de succés ta propre volonté.

Les Descriptions

LE PHENIX,
A ARISTE.
IDILE.

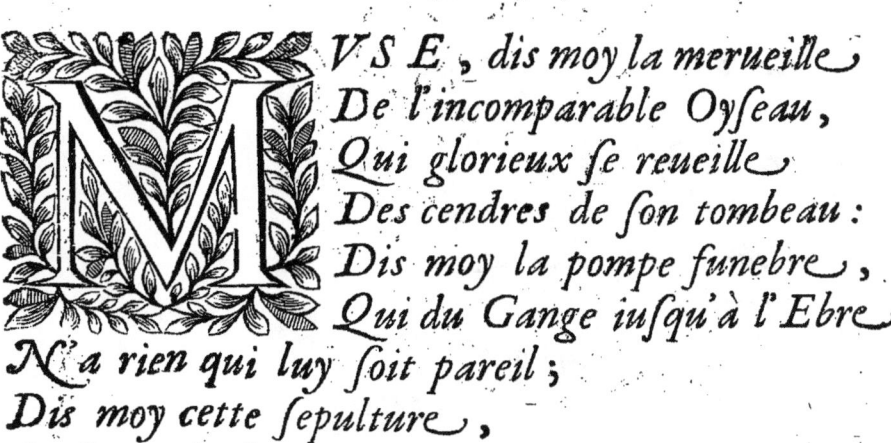

MVSE, dis moy la merueille,
De l'incomparable Oyseau,
Qui glorieux se reueille
Des cendres de son tombeau :
Dis moy la pompe funebre,
Qui du Gange iusqu'à l'Ebre
N'a rien qui luy soit pareil ;
Dis moy cette sepulture,
Ce soucy de la Nature,
Ce Fauory du Soleil.

La Terre qui de Iudée
Porte en l'Ægypte ses bords,
Par l'Arabe possedée,
Croit d'enfermer ce beau corps :
C'est la Terre parfumée,
La Terre du Ciel aymée,
Pleine de Mirrhe & d'Encens :
Qui se fait nommer heureuse,
Par la Gomme precieuse,
De ces charmes innocens.

Là dans vn secret Bocage
De ces Arbres embaumez,
Le rare Oyseau fait la cage
De ses thresors emplumez :
Là libre d'inquietude,
Il prend de la solitude
La douce occupation :
Loin des dangers dont la vie
N'est que trop souuent rauie,
Dans la conuersation.

Là sans craindre que la poudre
Qui porte le plomb fatal,
Le frapant d'vn coup de foudre
Luy doune le dernier mal :
Hors de tout humain commerce,
Seur de l'Arabe & du Perse,
Il passe ses iours heureux ;
N'admettant aucune affaire,
Que de loüer de son Pere
L'Astre tousiours radieux.

Il ne vit que de Rosée,
Que luy distilent les Cieux ;
Sa chambre n'est arrosée
Que du Nectar precieux :
Le Soleil commande aux Heures,
De sortir de leurs demeures,
Auant qu'il ouure le iour ;
Et d'exprimer vne Essence,
Pour verser en abondance,
Sur ce fortuné sejour.

Les maladies facheuses
Ne le tourmentent iamais:
Les fluxions dangereuses
Ne peuuent troubler sa paix:
Heureux, si de la vieillesse
La morne & longue paresse
Ne le venoit refroidir;
S'il ne sentoit que ses aisles
A sa volonté rebelles
Ne peuuent plus se roidir.

Helas! c'est la destinée
De tout ce qui void le iour,
Que nulle chose n'est née,
Qui ne vieillisse à son tour:
Ou la mort precipitée,
Ou la vieillesse édentée,
Changera nostre Printemps,
Il n'est fleur qui ne se fane;
Le Palais & la Cabane
Tombent sous le faix du Temps.

Donc apres que de cent lustres
Il a supporté le poids,
Et que les Saisons illustres
Ont changé deux mille fois :
Plein d'ans & de lassitude,
De chagrin, d'inquietude,
Il ne cherche que la Mort ;
Demandant à la Nature,
Qu'elle ouure la sepulture,
Qui luy doit seruir de port.

Tel que dans la chere Pile
Le vieux & sage Nestor,
Lors que son âge debile
Auoit esteint l'âge d'or ;
Attendoit au bord de l'onde,
La meurtriere du monde,
Pour sortir de ses ennuys ;
Et n'appelloit plus la vie,
De tant de langueurs suiuie,
Qu'vne veille aux longues nuicts.

Ainsi

Ainsi l'oyseau las de vivre,
Ne tendant plus qu'à mourir,
Croit que ce iour le delivre,
Qui le doit faire perir :
Sur l'arbre le plus celebre,
Il bastit son lict funebre
De mille bois odorans ;
D'vn ardent soin il entasse,
L'Encens, la Myrrhe, & la Casse,
Les richesses des mourans.

Quelque verte Hamadryade,
Par vn excez de pitié,
Monstre pour l'oyseau malade
Des sentimens d'amitié :
Elle sort de son écorce,
Et toute en larmes s'efforce
De luy dresser vn bucher ;
Le Zephire la soulage,
Portant de tout le Bocage,
Ce que l'Arabe a de cher.

P 2

Les Descriptions

Enfin cette auguste tombe
S'esleue au plus haut de l'air;
De crainte qu'elle ne tombe,
Le vent n'ose plus voler;
Le Maistre qui la void preste
Pour sa derniere retraite,
Se perche sur cét amas;
Et se frappant de son aisle,
A son secours il appelle
Les Deesses du trespas.

Que tardez-vous puissant Astre,
Vous de qui depend sa mort?
Vous seul par qui ce desastre
Doit auoir vn meilleur sort:
Consumez ceste victime,
Qui nette du moindre crime
Implore vostre chaleur;
Donnez à sa voix mourante,
A son ame languissante,
Le coup d'vn heureux mal-heur.

Il prend de sa cheuelure
Vn rayon des plus puissans;
Il le darde, & la bruslure
Saisit aussi-tost l'encens :
La seiche & chaude matiere
Conçoit l'ardente lumiere,
Tout le Bucher en est pris;
La flamme toute celeste
Rend ceste mort moins funeste
Luy donnant vn nouueau prix.

L'Oyseau sans craindre la Parque
Qui tient le cruel ciseau,
Ne donnant aucune marque
Qu'il abhorre le tombeau;
Reçoit dans sa belle plume
La pure flamme qu'allume
La forte necessité;
Et dans sa douce misere
Il rend graces à son Pere,
De cette seuerité.

Desja ce beau corps en cendre
Se mesle à son monument;
Et rien n'a pû le deffendre
De ce triste changement:
Le nid seul inuiolable,
Gardant ce depost aymable,
Resiste à l'embrasement;
C'est que la Nymphe soudaine
Prend de la proche fontaine
Le fauorable Element.

Folle vanité du monde,
Ridicule Ambition;
Vaine Grandeur qui se fonde
Sur l'imagination!
He! qu'estes-vous que poussiere,
Qu'vn peu de vapeur grossiere,
Qu'vn moment peut dissiper?
Voyez cent lustres d'années,
Mille beautez terminées,
Qu'vn instant a peu couper.

Tandis

Tandis toute la Nature
Soigneuse de ce Bucher,
Ne permet qu'à l'auanture
Le vent en puisse approcher;
Elle bride son haleine,
Et ne veut qu'il se promeine
Qu'à petits pas mesurez;
Comme si dans cette tombe
Estoit le germe du monde,
Ou des Globes azurez.

La nuict forme vne Rosée
De la plus douce vapeur,
Et comme elle est disposée
A s'escouler en liqueur;
Elle en fait vne influance,
Dont l'admirable puissance
Peut faire germer la mort;
Tous les Astres sont en peine,
Pour empescher que leur haine
Ne nuise à ce noble effort.

Le Soleil plein de tristesse
Du mal de son fauory,
Darde ses rayons sans cesse
Sur le sepulchre chery :
De la liqueur escoulée,
Et de la chaleur meslée
La cendre pert sa langueur ;
La dépoüille parfumée
D'vn petit ver animée,
Prend sa premiere vigueur.

     Cette vrne à l'instant se change
En fauorable Berçeau,
Et la vie en fin se vange
Faissant naistre vn vermisseau :
La mort demeure surprise,
De se voir seruir de prise
Au Captif qu'elle auoit pris :
Et rompant son dard de rage,
Elle se plaint de l'outrage
Par de lamentables cris.

Mais

Mais cette rage funeste,
Se fit bien plus ressentir,
Lors que de ce ver celeste
Le Phœnix voulut sortir :
Il parut comme l'Aurore,
Qu'un Peuple ignorant adore,
Sur le riuage Indien :
Ayant repris la croissance,
La pompe & magnificence
De son éclat ancien.

Ainsi que l'on vid Alcide
Jadis sortir du Bucher,
Apres que le Don perfide
Eut rongé toute sa chair :
Que muscles, nerfs, os, & moüelle,
Consumez dans la coupelle,
L'esleuerent dans les Cieux ;
Et déchargé de la roüille
De sa premiere dépoüille,
Qu'il fut du nombre des Dieux.

Q

Les Descriptions.

Tel le Phœnix de corsage,
De ieunesse & de beauté,
Sous vn rauissant plumage
Porte vn air de majesté :
Le beau metal qui le dore,
L'asur gay qui le colore,
Le vert sur le tout semé,
Font vn si rare meslange,
Qu'il surpasse la loüange
De ce qu'on void estimé.

Sur sa teste bien formée
S'esleue vne houpe d'or,
Son aisle bien emplumée
Est preste à prendre l'essor.
La Pourpre nette & luisante,
Dont la serre est esclatante,
Et le bec est couronné,
Tesmoigne l'empire aymable
Dont le Soleil fauorable
L'a dignement honoré.

Aussi

Aussi la reconnoissance
Qu'il a pour son bien-faiteur,
Luy donne la deference
D'vn effet à son auteur :
Sousmis il luy fait hommage
De l'excellent auantage,
Qu'il a tiré de ses feux ;
Et par vn rare Cantique
De sa nouuelle Musique,
Il luy presente ses vœux.

Alors la Nature en joye
Monstre ses ressentimens,
Il n'est rien où l'on ne voye
Ses subits élancemens :
Des Arbres le beau feüillage,
Des oyseaux le doux ramage,
L'odeur plus forte des bois ;
La Saison plus temperée,
La chaleur plus moderée,
Sont ses innocentes voix.

Les Descriptions

*Ariste soit que la fable
Nous donne ce changement ;
Ou qu'vn recit veritable
En marque l'euenement :
C'est l'agreable figure
De la nouuelle posture,
Que nous receurons vn jour ;
Lors que de nos Corps de cendre
L'Eternel nous fera prendre
Des Corps d'vn charmant atour.*

*Mais helas ! de tous les hommes
Peu reuiuront au bon-heur ;
Combien du Siecle, où nous sommes
Reuiuront pour le mal-heur !
Les ames infortunées,
Qui ne passent leurs années,
Qu'à se charger de mesfaits ;
Ne se verront point renaistre,
Que pour voir tousiours accroistre
Leur insupportable faix.*

L'ARC-EN CIEL.
ELEGIE.
Le Monde n'a que l'apparence.

Oux charme de mes yeux, Tromperie innocente,
Miracle du Soleil, Peinture surprenante,
Grand Triomphe de l'Air, belle Arcade de fleurs,
Meslange consommé des plus viues couleurs;
Que n'ornes-tu le Ciel d'vn Tableau veritable?
Ou si ton lustre est faux, pourquoy n'est-il durable?

Dis-moy qui t'a formé; quelle sçauante main
T'a si tost reuestu d'vn esclat plus qu'humain?
Tu n'estois maintenant qu'vne vapeur grossiere,
Inutile à la terre, obstacle de lumiere;

Les Descriptions

Qui t'a fait tout à coup si charmant & si beau ?
Qui t'a gaigné l'amour du celeste Flambeau ?

Je le voy qu'il galope au panchant de sa course,
Que ses feux pour ce iour vont mourir sans resource,
Toutesfois ce bel Oeil rauy de ta clarté,
Du bord de l'onde encor adore ta beauté ;
Monstrant que s'il pouuoit par le Destin reuiure,
Il viuroit seulement pour te voir & te suiure.

Il admire ton Arc, qui partage les Cieux,
Tes Porphyres meslez, tes Iaspes precieux,
Tes Marbres chargez d'or, ta parfaite courbure,
Et tout ce qu'a de beau ta nouuelle structure.
A peine le croit-il, qu'vn amas si parfait
Soit de ses traits mourans le veritable effet ;
Que pour vne couleur qu'il jette dans le vuide,
Il en reçoiue cent de ton cristal liquide ;
Et que par vn regard qu'il te lance à propos,
Tu suiues de cent yeux le lieu de son repos.

Dis-le Soleil nouueau, quelle main de dispose,
Qui te fait l'instrument d'vne si belle cause ?
Les larmes dont ie voy que tu grossis ton sein,
Ont-elles du raport à ce noble dessein ?
Vous, dites-le, mes yeux ; voyez cette merueille,
Et jugez si la Terre en a point de pareille.

Dites, à voſtre aduis, n'eſt-ce point vn Tableau?
Ne ſont-ce point des traicts du plus docte pinçeau?
Cette diſtinction de couleurs meſlangées,
Cette confuſion de merueilles rangées;
Ce bleu, cét orangé, ce vert, cét incarnat,
De ce vernis caché le rauiſſant eſclat,
Ne vous donnent-il pas en ce petit eſpace,
Ce qui tous les Tableaux & les Peintres ſurpaſſe?
Quel Apelle iamais a peu de tous ſes traicts
Marquer tant de beautez, de charmes, & d'attraits?
Quel Pinçeau marqueroit en vne ſeule ligne
Vn Trophée en couleurs & ſymmetrie inſigne.

La Nature elle meſme en cét Arc de couleurs
N'a-telle point voulu nous faire voir des Fleurs?
N'a t'elle point ſemé ſur cette belle Arcade,
Ses Bulbes d'outre-mer, ſes bouquets de parade?
La Roſe s'y preſente au teint rouge & vermeil,
Le Soucy tourne icy ſa fleur vers le Soleil,
La Tulipe & l'Oeillet y portent leur mélange,
Et font de leurs beautez vn glorieux eſchange;
Le Lis & le Narciſſe y ſont en habit blanc,
L'Anemone y paroiſt ſous ſa couleur de ſang. (terre,
Mes yeux, vous trompez-vous, auez-vous veu Par-
Qui dans vn ſeul carreau tant de beautez enſerre?

N'eſt-ce

Les Descriptions

N'est-ce point le Paué du glorieux sejour,
Où iamais nulle nuict n'accompagne le iour?
Le Paué my-party de quarrez & d'ouales,
Tout brillant de Saphirs, de Rubis & d'Opales?
Où la Perle a son blanc, la Turquoise son bleu,
L'Esmeraude son vert, l'Escarboucle son feu?
Où l'Or conjoint le tout d'vne vnion si belle,
Que les yeux chaque jour la prennent pour nouuelle?

Beauté vous me trompés; vous vous trompés mes yeux,
Vous croyez à l'éclat d'vn Rayon specieux;
Rayon qui n'est ny Ciel, ny Tableau, ny Parterre,
Mais vn bien passager, plus fresle que le verre.
C'est vn Neant vestu, c'est vn Masque trompeur,
C'est vn Leurre couuert, c'est vn foible imposteur,
C'est de mille beautez vn illustre Mensonge,
C'est ce qui ne sera que l'ombrage d'vn Songe.

Encor si ces Beautez pouuoient perseuerer,
Si l'espace d'vn iour on les voyoit durer:
Mais, helas! le moment qui les a veu naissantes,
Est suiuy du moment qui les verra mourantes!
A peine du Soleil les Coursiers escumans
Plongeront chez Thetis leurs pasturons fumans,
Que cét

Que cét amusement se perdant dans le vuide,
Fors quelques gouttes d'eau, n'aura rien de solide.
Regardez-le mes yeux ; le Soleil est couché,
Voyez en quel Climat ce bel Arc s'est caché ;
Comme tant de couleurs à l'instant disparuës,
Ne sont rien en effect que d'inutiles Nuës.
Ainsi le Monde trompe, & ne nous laisse rien
Qu'un eternel regret de l'auoir pris pour Bien.

R

Les Descriptions

LES SIMPLES,
OV LES HERBES MEDECINALES.
SONNET.
Ne pas iuger selon l'apparence.

ERBES, quand ie vous voy, ie vous voy
  méprisables ;
Vous ne me monstrez rien, dont ie puisse
  estre espris ;
Vos tiges, fueilles, fruits n'ont rien digne de prix,
Les lieux où vous naissez sont à peine abordables.

Mais si i'vse de vous, ie vous sens admirables ;
Et ne m'esbahis plus, si les doctes Esprits
De vos rares effets n'ont la moitié compris,
Tant il en est de grands & de considerables.

Herbes, vous me trompez cachant vostre beauté,
Ne monstrant à mes yeux que la difformité
D'vn visage chagrin & mauuaise apparence.

Mais vous estes sans faute ; à moy seul est le tort,
De mon faux iugement ie fais la penitence,
Puisque ie n'ay iugé que sur vn faux rapport.

LA

LA NEIGE.

ELEGIE.

Aymer la Chasteté.

DOVCE laine du Ciel, belle fleur des Nuées,
Beau lis, qui de l'Hyuer mesprises les gelées,
Neige qui te nourris au milieu des deux Airs,
Espanche tes thresors sur ces tristes deserts ;
Donne nous largement ces fueilles argentées,
Qui te sont chaque iour par l'Aquilon portées ;
Ouure tes beaux Palais, & donne vn vestement
A nos champs depoüillez de tout autre ornement.
  On dit que cét Argent que tu jettes en lames,
Renferme dans son sein quelques esprits de flammes ;

Que tu n'as de froideur que pour l'attouchement,
Et que la Terre en toy trouue son aliment ;
Que luy pressant le flanc de tes Eaux temperées,
Tu remplis de pur sang ses veines alterées :
Vien donc, riche Toison, rare Essence de l'Eau ;
Jnonde nos guerets d'vn fertille Ruisseau.

Ah Nymphe, ie te voy, qui d'vne main d'yuoire
Ouures à nos desirs les pompes de ta gloire ;
Ie voy qu'en te iouant tu fais des pelotons,
Que de ton beau Metal tu forges des Iettons,
Que prodigue sur nous à l'instant tu les semes,
Faisant voir par tes dons à quel point tu nous aimes.
Ah, tout l'air est remply de Papillons perlez ;
Par tout on void blanchir ces Fantosmes aislez.
Comme leur danse est belle ! & comme leur Al-
batre
Vireuolte par l'Air roulant d'vn pas folâtre !
Comme ils vont se heurtans, sans se faire nul mal !
Comme en freres parfaits ils se traitent d'égal !
Comme sur le terrein l'vn à l'autre s'abouche !
Comme ils sont estendus vne agreable couche !

C'est assez, belle Nymphe ; & tout nostre gason
Ne paroist plus qu'orné de ta belle Toison :
Ah

Ah qu'il est beau ce Blanc ! & quoy qu'il ébloüysse,
Qu'il a ie ne sçay quoy de doux & de propice !
Il plait en dissipant, & mon œil qui s'y pert
Ne s'y nourrit pas moins que sur vn tapis vert :
Quoy que tant de brillans offusquent sa paupiere,
Il ne peut s'empescher d'aymer cette lumiere.
Mais Nymphe, ce qui fait que i'ayme tes presens,
Que nonobstant ton froid ils me touchent les sens ;
C'est que d'vne vertu, qui n'a rien qui n'excelle,
Que de la Chasteté tu traces le modelle.

Tu peris toutefois, & du soir au matin
Des Autans eschaufez, tu n'es que le butin ;
Ce soufle pestilent, puissant à te resoudre,
Dissipe tes beautez, & les mesle à la poudre ;
Le Soleil enflammé d'vne jalouse ardeur,
Détruit ce qu'a de beau ton aymable candeur ;
Vn Passant indiscret imprudemment te foule ;
Ton lustre, ta blancheur dans la fange s'escoule.
Pleut au Ciel qu'icy bas la pure Chasteté
Ne se salit iamais d'aucune impureté !
Souuent dans les plaisirs elle se void perduë,
Souuent de trop d'ardeur elle se void fonduë ;
Souuent vn indiscret, pour trop s'en approcher,
Luy rauit à la fin ce qu'elle a de plus cher.

*Ha, plustost que l'Enfer me rauisse la vie,
Auant belle vertu, que tu me sois rauie:
Plustost que les plaisirs ne me touchent iamais,
Qu'auec les voluptez ie sois tousiours sans paix;
Qu'esloigné de commerce impudent & nuisible,
Traitant auec les Morts ie demeure insensible;
Auant que ie te soüille, ô rare Pureté,
Par la moindre noirceur d'aucune saleté.*

LE VERGER,
OU LES ARBRES FRUITIERS.
SONNET.
Les bonnes Oeuures sont les fruits des Hommes.

Iches Arbres, entez de la main de Pomone,
Delices des Iardins, ornemens des Estez,
De la Terre fertile admirables Beautez,
Incomparables Fleurs, dont elle se courone.
Il n'est branche chez vous qui ses fruits ne nous donne,
Vous comblez nos souhaits de vos diuersitez,
Et l'annuel retour de vos prosperitez
Iamais de nostre espoir le succés n'abandonne.
De la veuë & du goust vos fruits sont le desir,
Leur odeur & leur peau nous donnent du plaisir,
Il ne vous reste plus qu'à charmer nostre oreille.
Encor le faites-vous par vos saints Entretiens,
Et si de vos discours ie comprens la merueille,
Me presentant vos fruits, vous demandez les miens.

LA

Les Descriptions

LA PLVYE.
ELEGIE.
Pleurer ses Pechez.

ELAS! que ce temps triste est propre à
mon humeur;
Que cette obscurité flatte bien ma dou-
leur!
Le Ciel de toutes parts est chargé de nuage,
A peine l'œil du Iour y peut trouuer passage;
Et la Nuit luy donnant de son obscurité,
Sous vn voile ombrageux il cache sa clarté.
Ainsi de mes Pechez les nuages plus sombres
Accablent mon esprit de leurs fascheuses ombres.

Si

*Si ces vapeurs tomboient, & se changeoient en eau,
Si leurs pleurs dans nos champs choisissoient vn tombeau ;
Peut-estre qu'auec eux les miens voudroient paroistre,
Qu'à l'exemple des vns les autres pourroient naistre ;
Tombez donc sur ces champs chere Manne du Ciel,
Espanchez sur nos fleurs vne source de miel ;
Distillez le Nectar de vos plus hautes Nuës ;
Moüillez les secs rochers de nos cimes chenuës ;
De là coulez en bas, inondez nos ruisseaux,
Et faites tout germer de vos fertiles eaux.
   Le Ciel m'oit, & déja touché de mes prieres
Il découure des eaux les fecondes carrieres ;
La Pluye à petit bruit me semble distiller,
Doucement parmy l'air ie l'apperçoy couler.
Descen à la bonne heure, ô douce Maluoisie ;
Sur nos prez desseichez porte ton Ambrosie ;
Descen pour redonner à nos herbes le cœur,
Qui leur alloit manquer faute de ta liqueur.
Elles perdoient déja leur premiere teinture,
N'ayant rien de l'esclat d'vne aymable verdure ;
Leur teint jaune & transi, cuit d'excés de chaleur,
Du Soleil enuieux espousoit la couleur ;
Les Ruisseaux retenus dans leurs petites sources,
Ne pouuoient plus fournir à leurs premieres courses ;*

S

Leurs lits mignardement sur le gason tracez,
De poudre & de cailloux estoient presque effacez ;
Nos fleurs d'vn œil mourant regardant leur dommage,
Feüille à feüille perdoient l'esclat de leur visage ;
Cerez mouroit d'ennuy, de voir que ses guerets
Alloient estre pour nous d'inutiles forests ;
Nos fruits dans leur bouton sans vigueur & sans force
Seichez sur le rameau n'auoient plus que l'écorce ;
Bref nous n'attendions plus que du bien de tes pleurs,
L'embonpoint de nos fruits, & l'ame de nos fleurs.

Ouure donc les canaux de tes sources humides,
Inondé nos valons de tes presens liquides ;
Débonde sur mon chef cét ample reseruoir,
Qui sert de siecle en siecle à marquer ton pouuoir.
Autrefois tu brisas les Arcades celestes,
Pour punir des Geants les criminelles pestes :
Je te demande moins, & ie n'exige pas
De cent Peuples noyez le funeste trespas ;
Il suffit, si tu veux auec plus d'abondance
Déployer sur nos toits ton illustre puissance ;
Si tu veux épancher tant de larmes sur moy,
Que ie puisse épancher les miennes auec toy ;
Et que comme nos champs sont lauez par les tiennes,
Mes enormes pechez soient lauez par les miennes.

LE

LE MEVRIER.
SONNET.
Recompenser le Temps perdu.

RBRE, dont i'accusois l'extreme no
   chalance,
Meurier, de tous les bois le dernier
   germer,
Que la douceur d'Auril ne pouuoit animer.
A vaincre de l'Hyuert la froide negligence.

  D'où vient que tout à coup contre mon esperance,
Ie te voy feüille & fruit sans relâche former?
Et que ne pouuant plus à bon droit te blâmer,
De ta fertilité ie prens toute asseurance?

  Te rendois-tu conforme à mon oisiueté,
Ajustant ta paresse à ma tardiueté,
Et tout tel que ie suis as-tu voulu paroistre?

  Ou bien, contraignois-tu ta vigueur de cesser,
Pour la pousser apres, & me faire connoistre,
Comme le Temps perdu se peut recompenser.

LE FEV.
ELEGIE.
Craindre le Iugement dernier.

Donc ce lourd Element doit vn iour se dissoudre.
Ces superbes Palais ne seront plus que poudre ?
Ces orgueilleux ramparts vn iour s'af- (faisseront !
De ces forts esleuez les tours s'abaisseront !
Ce vaste objet des yeux, l'Eau, les Cieux, & la Terre,
Sentiront les effets d'vne mortelle guerre ?

Mais qui d'vn Dieu vangeur sera l'executeur ?
Quel sera l'instrument du souuerain Moteur ?
          O Feu,

O Feu, sera-ce toy, charmante Creature,
Spectacle le plus beau qu'enfante la Nature ?
Toy le plaisir des yeux, le soulas de nos corps,
Toy qui des froids hyuerts estoufes les efforts ;
Ame des alimens, cher soustien de nos vies,
Sans qui nous les verrions à toute heure rauies.

   Helas ! il est trop vray que tu dois consumer,
Vn Dieu nous l'a predit, & la Terre & la Mer :
Que rien de ta fureur ne se pourra defendre,
Que ce vaste Vniuers ne sera plus que cendre.
O spectacle funeste ! ô triste changement !
Quand ce Tout ne sera qu'vn horrible Element.
Ie voy des grands Palais les voutes enflammées,
D'vn brasier deuorant les Villes allumées ;
La flamme court par tout, & le Marbre endurcy
Ne peut plus resister à ce gouffre espaissy ;
Or, Perles, Diamans, tout luy sert de pasture,
Il change en aliment la souffrante Nature.
La Mer n'est plus que soufre, & le sel de ses eaux
Fournit à ce Tyran des supplices nouueaux.
Les Monts, où les Troupeaux à foule venoient paistre,
S'ouurent pour enfanter des rochers de salpetre.
Le Feu monte plus haut, & s'attachant aux Cieux,
Du Monde chancellant esbranle les essieux ;

S 3

Ces Colomnes d'airain, seul appuy de la Terre,
Dans cét Embrasement ne sont plus que du verre:
La Nature a perdu ce qu'elle a de plus cher,
Elle mesme n'est plus qu'vn funeste buscher.

Ah Feu ! ce n'est pas toy qui nous fais ces outrages,
Quelque autre plus puissant produira ces rauages:
La main d'vn Dieu vangeur tes flammes armera,
Et sur les Criminels tes carreaux lancera.
Cette Main, dont Sodome & Gomorre frapées,
Se sentirent soudain de feux enuelopées;
Cette Main, qui poussant de fumans tourbillons,
Fit vn goufre d'horreur des fertiles sillons;
Cette Main, qui du Ciel décochant le Tonnerre,
Fit vne Mer puante en vne heureuse Terre.
Malheur, qui ne craindra le pouuoir de ce Roy,
Qui pensant à ce Iour ne tremblera déffroy.

LA GLACE.
SONNET.
Obstination du Pecheur.

Out est icy sousmis au pouuoir de la Glace,
Elle a des Elemens la Souueraineté;
La Terre, l'Air, & l'Eau souffrent sa cruauté;
Le Feu mesme pressé craint sa fiere menace.

Les villes & les champs sont marquez de sa trace,
Les Fleuues enchaisnez n'ont plus de liberté,
Les sources & les puys sont en captiuité,
Iusques dans nos maisons elle trouue vne place.

Le Soleil à la voir est saisi de froideur,
Si le zephir approche, il y pert sa chaleur,
Si l'haleine l'attaque, elle est bien tost gelée.

Elle garde tousiours son obstination,
Des hommes & des chars quoy qu'elle soit foulée;
Et tousiours du Pecheur elle est l'expression.

L'ARA

L'ARAGNE'E,
OV
LA CITADELLE
de Sainct Felix.
ODE.

Epuis quand foible Aragnée,
Sçais-tu dresser des ramparts?
Qui parois tant esloignée
Des exercices de Mars:
Qui t'a donné la puissance
L'industrie & la science
Des fortifications?
De te couurir de murailles,
D'armer tes forts de tenailles,
Et de puissants bastions?

Ie

Je voy bien que de ton ventre
Tu tires mille filets,
Que la bouche de cét antre
Est couuerte de tes rets :
Que ta delicate toile,
Espanduë ainsi qu'vn voile,
Voudroit bien nous empescher,
Mais cette subtile chose
Inutilement s'oppose,
Si ie poursuis de marcher.

Tu tires de tes entrailles
Cét illustre bastiment ;
Tu luy dresses ses murailles,
Tu jettes son fondement :
Toy-mesme tu le couronnes,
Tu l'ornes & tu luy donnes
Son dernier acheuement ;
Et pour estre tousiours preste
Tu choisis pour ta retraicte,
Vn secret apartement.

Les Descriptions

Sur mille mailles noüées,
Tu dreſſes ce beau lambris ;
De cent entraues liées
Ton œuure reçoit ſon pris :
Tes deſcentes, tes montées,
Tes noires toiles portées
En haut, en bas, à coſté,
Font par ton experience,
Ce que l'humaine ſcience,
Foible n'a point imité.

Tu traces vn Labyrinthe,
Que nul ne peut démeſler ;
Par vne ſçauante feinte
Tu prens les mouches en l'air :
Cette troupe ſi volage,
S'embaraſſe dans la cage
Qu'elle eſperoit d'enfoncer ;
Elle accuſe ſon audace,
Se trouuant priſe à la naſſe,
Qu'elle penſoit de forcer.

Ton ouurage est admirable
Et sans imitation ;
La Nature si muable
N'en a point d'expression :
Il est vray ; mais sa foiblesse,
Sa basse delicatesse,
Et son inutilité ;
Ou le rendent méprisable,
Ou le font moins estimable,
Que ne veut la verité.

Vn petit effort renuerse
Ton trauail de plusieurs jours ;
La poudre legere perce
Tes industrieux détours ;
Le vent qui court par la plaine
Dissipe de son haleine
Ton tissu laborieux ;
Quelques pieces sont perduës,
Les autres sont suspenduës
Aux rameaux d'vn chesne vieux.

Maintenant ce foible ouurage,
Est vn imprenable fort ;
Contre l'iniure & l'outrage,
Il sert d'asyle & de port :
Il arreste la furie,
L'horrible forcenerie
Du Tyran & de l'Enfer ;
Felix sous ta sauuegarde,
Libre de crainte regarde
Ce que menace le fer.

Le tyran que tu repousses,
Emporteroit mille forts ;
Rien ne romproit les secousses
De ses violents efforts.
Les puissantes Citadelles,
Pleines de troupes nouuelles,
Viendroient à le receuoir :
Les defences auancées,
Les murailles terrassées,
Céderoient à son pouuoir.

Des Bastions effroyables
Il renuerseroit le flanc :
Les lieux les plus soutenables
Seroient inondez de sang :
Contre les hauts precipices,
Coupez par cent artifices,
Il planteroit le Belier ;
Et parmy les tours forcées,
Parmy les roches percées,
Il cueilliroit un Laurier.

Toy seule tu les arrestes
Ces efforts audacieux ;
Tu romps les fieres tempestes
De ces bras victorieux :
Le soldat poussé de rage,
Ne respirant que l'outrage,
Que les tourmens & la mort ;
Repoussé de ta defence,
Void plus grande ta puissance,
Que son inutile effort.

C'est vous, Maistre des Estoilles,
Auteur du Ciel azuré,
Qui de ces subtiles toiles
Faites vn mur asseuré :
Qui monstrez que vostre azile,
Est mille fois plus vtile
Que les Remparts esleuez ;
Qui d'vn rien si méprisable,
Faites d'vn fort imprenable
Les Bastions acheuez.

LE TREMBLEMENT DE TERRE.

ELEGIE.

Ne s'appuyer qu'en Dieu.

A Terre s'entrouurir, & du fond des entrailles
Apporter aux Mortels de sanglantes batailles !
Faire vn affreux desert des Pays habitez,
Engouffrer les Palais, renuerser les Citez !
Est-ce là le soucy d'vne si bonne Mere,
Est-ce le triste effet d'vne cause si chere ?
Donc ce noble Pays, dont les riches guerets
Estoient depuis long-temps le Thresor de Cerez ;

Les Descriptions

Ce Pays l'Abregé des beautez de Nature,
N'eſt plus que cendre, horreur, deſerts, & pourriture?
Et ce mal vient de toy, qui nous ſeruois de port,
Que ſeule de nos maux nous croyons le ſupport ?

Quel Monſtre enfermois-tu dans tes dures entrailles ?
Quel Monſtre, qui d'vn coup fit tant de funerailles?
Des l'abord qu'en ton ſein ce Monſtre fut conçeu,
Auſsi-toſt des Mortels le mal fut apperçeu.
La terreur s'augmenta, quand cét Eſprit de rage
Pour cauſer tant de maux voulut auoir paſſage ;
Quand ce ſoufle fatal enuoyé des Enfers,
Se connoiſſant fermé voulut rompre ſes fers :
Il ſecoüa tes flancs pour ſe faire ouuerture,
Il s'en prit aux Pilliers qui portent ta ſtructure ;
Courant impetueux ſous tes hauts fondemens,
Il déchira ton ſein par d'horribles tourmens.
Alors d'vn pâle effroy les fontaines tarirent,
Des Aſtres des Iardins les lumieres flétrirent ;
Les Fleuues de long cours ſe tournerent ailleurs,
Pour chercher à leurs eaux quelques Pays meilleurs ;
La Mer meſme en fremit, & craignant cét orage
Par ſa fuite augmenta ton mal-heureux riuage.
On voyoit des Palais les hauts faiſtes trembler,

Les

Les Murs plus esloignez, tout à coup s'assembler,
Briser ce que le sort opposoit à l'encontre,
Et faire de leurs maux vne funeste montre.
Les demeures de Dieu, ses Temples, ses Autels,
Espreuuerent le sort des bastimens mortels,
Ils furent renuersez, & ces Pompes illustres
Perdirent en vn coup les trauaux de cent lustres.

Mais, ô Ciel ! quel effroy, quel spectacle d'horreur,
Lors que ce Monstre enfin espancha sa fureur !
Lors que sortant au Monde ainsi qu'vne vipere,
Il nasquit en rompant les deux flancs de sa Mere !
La Mort au pâle teint, portant haute sa faux,
N'espagne en nul endroit ses funestes trauaux ;
Dans l'Air, & sur la Terre, & dans le creux
    abyme,
D'vn estrange dégat sa fureur elle anime :
La Peur, l'Horreur, la Cheute, allant à ses costez,
N'attendent à fraper les seuls precipitez ;
Leur coup se fait plustost ; par soy mesme la vie,
Par l'air qui la nourrit à soy-mesme est rauie,
Helas, tout est perdu, tout est bouleuersé.
On ne void nulle marque, ou trace du passé.

Est-ce Toy, chere Mere, aux humains si propice,
                             V

Les Descriptions

Qui fais de tes Enfans ce lâche sacrifice;
Toy nos tendres amours, nostre espoir, nos desirs;
Toy pour qui nous quittons nos celestes plaisirs;
Toy dont les fondemens ne sont pas moins muables,
Que les Poles du Ciel restent inuariables;
Toy le Centre du Tout, qui ferme sans branler
Vois tous les changemens de la Mer & de l'Air;
Toy par ton tremblement, par ta cheute funeste
Tu causes plus de maux qu'vne infernale peste.
Quoy donc, ou s'appuyer? si l'appuy plus certain
Foible nous abandonne au pouuoir du destin?
En l'Air? il est muable: en la Mer elle change:
En la Terre? elle tombe, elle n'est plus que fange:
Où s'appuyer qu'en Dieu? de qui les fondemens
Demeurent sans bransler maistres des changemens;
Qui ferme sur son Cube, égal en son essence,
Sur l'Eternité mesme establit sa puissance.
Soyez donc mon appuy, Monarque Souuerain,
Plus stable à nos besoins que le Marbre ou l'Airain.

SAINCT

S. GORDIVS
DANS LE CIRQVE
de Cesarée.

ODE.

E voy ce Peuple Idolatre,
Sur des sieges entassé ;
Tout ce grand monde est pressé
Pour auoir place au Theatre :
Hommes, Femmes, Ieunes, vieux,
Tous se montrent curieux
A joüyr de ce spectacle ;
Ils font cesser leurs trauaux,
Pour découurir le miracle
De la course des Cheuaux.

La Trompete fanfarone
Sur ce prochain Eschafaut ;
Le bruit en monte si haut,
Que tout le Cirque resonne :
Les Cheuaux impatiens
Poussent des pieds & des dents
La balustrade opposée,
Et toute ferme qu'elle est,
Ils l'auroient déja brisée ;
S'ils n'auoient point d'autre arrest.

Vn Homme dans l'Escarlate,
Comme l'ont les Souuerains,
Tient vn linge entre ses mains,
Qui de sa blancheur esclate :
Ie voy le linge voler,
Dieu quelle clameur dans l'air,
Quel bruit frappe mon oreille !
Hommes & Cheuaux surpris
A cette rare merueille,
Percent le Ciel de leurs cris :

Poëtiques.

La Barriere est abatuë,
Les Cheuaux sont dans le cours;
A fournir sept nobles tours
Chaque Cocher s'euertuë:
Le Blanc, le Iaune, & le Vert,
Suiuent le chemin ouuert,
Pour ne rester en arriere;
Mais le Bleu plus courageux,
Franchit déja la carriere,
Poussant bien loing deuant eux.

Les Coursiers d'une vitesse,
Qui peut preuenir le vent,
Pour s'emparer du deuant,
N'épargnent pas leur adresse:
Les pieds en l'air suspendus,
Et d'un prompt vol estendus,
Ne touchent iamais la terre;
Il semble qu'ils soient portez
Sur les aisles du tonnerre,
Coupans l'air de tous costez.

V 3

Les Descriptions

Le Chariot sur l'arene
Ne marque point de sillons ;
Les espaissis tourbillons
Ne montent point de la plaine :
Il vole legerement
Sur ce grossier Element,
Sans y tracer son orniere ;
Tel que Diane par fois
Pousse son char de lumiere
La nuit à travers les bois.

Mais qu'est-cecy ? tout s'arreste ;
Les Trompettes ont cessé ;
Tout ce grand monde pressé
Leve les yeux & la teste :
Les Cochers ne courent plus,
Ils semblent estre perclus
Par quelque soudaine crainte ?
Quel est ce cry si nouveau ?
Est-ce bravade ? est-ce plainte ?
O quelle voix de Taureau !

Ha, ie voy ce Spectre horrible,
Qui fait leur eſtonnement,
Qui change leur agrément
En vne crainte ſenſible :
Ce grand homme tout craſſeux
De la barbe & des cheueux,
Plus ſec que la maigreur meſme,
Eſtonne les ſpectateurs,
Et de ſon viſage bleſme,
Les détourne des Coureurs.

Eſcoutons ; il recommence ;
Tout eſt dans l'attention ;
C'eſt la ſeule paſſion
Du Peuple en impatience :
Il parle. O Peuple inſenſé,
Me voicy, qui du paſſé
Veux faire la penitence ;
I'ay fuy ; maintenant ie viens,
Pour expier mon offence,
Fortifier les Chreſtiens.

Sçache

Sçache donc, Peuple infidelle,
Que l'amour de IESVS-CHRIST,
Au fonds de mon cœur escrit,
A tes tourmens me rapelle :
C'est Gordius que tu vois ;
C'est luy, dont la forte voix
Prouoque toute la peine ;
C'est luy qui dans les deserts
S'est remply de iuste haine,
Contre les Dieux que tu sers.

La clameur se renouuelle,
Tout est en confusion ;
La premiere passion
Cede à la rage cruelle :
Plus de Ieux, plus de Coureurs ;
Rien que Tragiques fureurs
Ne s'empare de leurs Ames ;
Mais le Heros courageux
Attend les fers & les flammes,
Qui doiuent le rendre heureux.

LE RHOSNE.
ELEGIE.
Tout passe en cette vie.

Rand Fleuue, qui sortant d'vne Prison bourbeuse,
Vas chercher au Midy ta tombe glorieuse,
Qui d'vn Lac espanché ne peux estre arresté,
Dans ce vaste Marest gardant ta pureté.
Arreste vn peu tes eaux, & de tant de merueilles,
Qui depuis si long-temps ont frappé tes oreilles ;
Dis-moy quelque auanture, ou fatal changement,
Donne-moy le tissu de quelque Euenement.

X

Tu me vois sur tes bords, dans ce lieu solitaire,
De corps & de penser libre de toute affaire ;
Tu vois, que m'escartant à dessein de t'oüyr,
De mes plus chers Amis ie n'ay voulu ioüyr;
Dis donc quelque merueille, & par ton doux mur-
  mure
Ouure-moy le secret d'vne belle auanture.

Et quoy ? tu ne dis mot ; mais ton onde tousiours
Se pressant flot à flot precipite ton cours ;
Il semble que tu fuis ma presence importune,
Que tu tiens mon abord à mauuaise fortune !
Ah pardon ; ie me trompe, & tu me dis bien plus,
Que si tu me tenois des discours superflus.
Ton flot qui chasse l'autre, & ton onde fuyante
Qui cede sans arrest au cours de la suiuante,
D'vn silence eloquent me disent en courant,
Que tout passe, tout change, & que tout est mourant.

Ha ! de combien de flots acheues-tu ta course,
Dez le premier moment que tu laisses ta source ?
Combien entre tes bras vois-tu d'ondes mourir,
De ruisseaux, de torrens, & de fleuues perir ?
De combien de bateaux as-tu veu le naufrage ?
A combien de guerets as-tu fait du rauage ?

Que

Que de Ponts esleuez, que de Ponts abatus !
Que d'hommes eschapez, & que d'hommes perdus !
Dis-moy, quel changement ne vois-tu sur tes riues ?
En est-il où toy-mesme à la fin tu n'arriues ?

Tu te vas tout à coup dans cette onde abismer,
Qui dans vn Lac profond a les eaux d'vne Mer ;
A peine es-tu sorty du lieu de ta naissance,
Que tu te vois sans nom, despoüillé de puissance ;
Et si pour en sortir tu ne faisois effort,
Dans ce goufre espandu tu trouuerois la mort.
Tu sort de ce cachot & de cette contrainte,
Déuelopant les tours de ce grand Labyrinthe :
Mais les Rocs retranchez au milieu de ton cours,
Semblent te menacer de la fin de tes iours ;
Vn bruit s'esleue en l'air, non moins épouuantable,
Que du foudre tombant le fracas redoutable ;
Tu les forces pourtant, & d'vn train glorieux
Tu pousses dans les champs ton char victorieux.

Il est vray, ce combat te donne tant de gloire,
Qu'apres rien ne resiste au cours de ta victoire ;
Et que fors quelques Ponts qui te brident par fois,
Et la terre & les eaux flechissent sous tes loix ;
Que tu romps quand tu veux les plus fortes barrieres,

Que tu sers de sepulchre aux plus grandes Riuieres,
Et que d'un train pompeux & d'un marcher de Roy,
Tu portes sur tes bords le respect ou l'effroy.

Mais aussi ta victoire à la fin t'est funeste,
Et plus tu te grosis, moins de vie il te reste ;
Lors que plein des succés qui suiuent ta valeur,
Tu crois auoir donté l'enuie & le malheur ;
Que par tout receuant le tribut des grands Fleuues,
Tu vois de ton pouuoir les admirables preuues ;
Et que ton vaste lit ne te pouuant tenir,
Tu peux à sept canaux sept Riuieres fournir ;
Ta pompe & ton triomphe à la mort te dispose,
Tirant ce triste effet d'vne si belle cause.
Pourquoy doncque porter cette pompe à la Mer,
Puisque seule elle peut cette pompe abismer ?
Pour courir à la mort, faut-il tant de vistesse ?
Tu viurois plus long-temps auec plus de paresse.
Pourquoy tant de canaux pour voler au danger ?
Falloit-il pour perir ainsi te partager ?
C'est pour m'asseurer mieux d'vn discours veritable,
Que sous l'enclos du Ciel on ne void rien de stable.

Helas ! il est trop vray ; les sujets & les Roys
Ressentent du Destin les rigoureuses Loix ;

Tout

Tout passe, tout se change, & les longues années
Se trouuent à la fin par la mort terminées :
Comme Toy nous courons à ce terme fatal,
Et prolongeans le bien, nous auançons le mal ;
La victoire nous plaît, & les combats ennuyent ;
Mais enfin les combats & la victoire fuyent.
Vne heure chasse l'autre, vn iour chasse le iour,
Et la vie en fuyant void la Mort à son tour.
Aueugle, qui se fie à ces biens de passage,
Et qui de ton malheur ne se fera plus sage.

S. MARTIAN PAR SES PRIERES
deliure son Eglise du feu, qui brusloit la Ville de Constantinople.

ODE.

DE quelle horrible fournaise,
De quel Vesuue enflammé,
De quel prodige allumé,
Sort tant de flamme & de braise!
Les feux qui bornent les Cieux,
Par vn degast furieux
Inondent-ils sur la Terre?
Ou si des sombres cachots
Ils nous denoncent la guerre
Armez de soufre & de chaux?

Cette

Cette superbe demeure
Des Monarques d'Orient,
Cét œil du Monde riant
Ne sera plus dans vne heure :
Ces grands & riches Palais,
Enuelopez sous le fais
De la flamme deuorante,
Abandonnent au butin
D'vne ennemie arrogante
Les palmes de Constantin.

L'Element impitoyable
Se fait vn chemin par tout,
Il porte de bout en bout
Sa fureur inéuitable :
Les plus cachez fondemens
Sentent les embrasemens,
Que precipite sa rage,
La haute cime des Tours
Ne peut euiter l'orage,
Que font ses tours & retours.

Les Descriptions

*Il s'eslance par boutades,
Il bondit de mille sauts,
Il pousse aux endroits plus hauts
Ses surprenantes fougades :
Il rompt, il coupe, il abat,
Rien ne resiste au combat
De sa colere enragée ;
Sa vaste rapidité
Fait de la Ville outragée
Vn spectre de cruauté.*

*Le fier Aquilon qui l'aide,
Le porte de tous costez,
Il augmente ses clartez,
Et l'ardeur qui le possede :
Vn moment le fait voler
Dans les campagnes de l'air,
Suiuant cette aisle legere ;
Il cause autant de trespas,
Que sa fureur passagere
Marque de funestes pas.*

Le

Le trouble des voix plaintiues,
Les cris & les hurlemens,
Les tristes gemissemens
Des personnes fugitiues;
L'horrible souffle du vent,
La flamme qui va deuant;
Le bois qui fait resistance,
Le bruit du Marbre fendu;
D'vne égale violence
Disent que tout est perdu.

C'en est fait, la belle Eglise
Du liberal Martian
De ce goufre violent,
Se trouue déja surprise :
Les enflammez tourbillons,
Comme autant de bataillons,
Attaquent son frontispice;
Les plus proches bastimens,
Qui couuroient son edifice,
Tombent sur leurs fondemens.

Au ſecours, Peuple fidelle,
Conſervez ce Monument,
Ce Divin apartement,
Où l'Ame ſe renouuelle :
Ca viſte, courez à l'eau ;
Faites vn effort nouueau,
Pour defendre ces Portiques ;
Donc, tant d'ouurages deſtruits,
Tant de Tableaux, tant d'Antiques,
Seront en cendre reduits ?

Miracle ! vne Main cachée
Chaſſe les feux ennemis ;
Il ne leur eſt pas permis
D'y voir leur force attachée :
Leurs efforts ſont repouſſez,
Leurs traits reſtent emouſſez,
Par vn bouclier inuiſible,
Leur impetuoſité
Sent vn pouuoir plus terrible,
Que n'eſt leur rapidité.

LA FONTAINE DE VAVCLVSE.

ELEGIE.

Esgalité d'esprit dans la bonne fortune & dans la mauuaise.

CLAIRE source sans fonds, immortelle Fontaine,
Qui d'vn canal d'argent te roules sur la plaine;
Qui ne tiens la beauté de tes estats diuers,
Ny du chaud des Estez, ny du froid des Hyuers;
Celebre par les vers de l'amoureux Petrarque,

Les Descriptions

Plus que si de tes bords nous naissoit vn Monarque,
Qui cent fois as ouy ce beau Cygne chanter,
Et tes Diuines Eaux plus que toutes vanter.
Dis-moy, qui te peut rendre à toy si dissemblable ?
D'où te vient cét estat si changeant & muable :

N'agueres de ton creux sortoit à gros boüillons
Vn grand Fleuue espanché sur les tendres sillons ;
A peine suffisoit ta cauerne enfoncée
Pour le dégorgement de ton onde pressée ;
Le Rocher se fondoit, le Mont couloit en eau,
Chaque herbe, chaque pierre en formoit vn ruisseau;
Et comme si la mort t'eut transpercé les veines,
Ton sang de toutes parts inondoit sur les plaines.
Telle que fut Biblis dans l'effort d'vn amour,
Qui ne meritoit moins que la perte du iour ;
Lors que seule, à l'escart, méprisée, & perduë,
De tristesse, d'ennuis, & de larmes fonduë,
Ne pouuant assouuir ses mortelles douleurs,
Par ses canaux taris & dépourueus de pleurs,
D'elle elle vid sortir des fontaines liquides,
Et ses membres changez en sources homicides.
Ainsi de tous costez ton Ame s'espandoit,
Et par mille ruisseaux ta force se perdoit.

Autour

Auiourd'huy dans le fonds de ton Antre cachée,
Tu rauis à nos yeux ta merueille cherchée ;
Dans l'enceinte d'vn Puis tu renfermes tes bords,
Tu ne fais ton canal que par secrets ressorts ;
Et comme si des Eaux la source estoit fallie,
Tu n'oses de ton creux faire aucune saillie.

Cependant en secret tes ondes partageant,   La Sor-
Tu fournis le cristal à ce Fleuue d'argent,   gue.
Qui naissant de ton sein par des traces cachées,
Ne void iamais tarir ses veines desseichées.
Il semble n'estre rien qu'Iuoire ou que Cristal,
Ou qu'il ayt prit le blanc du precieux Metal ;
Il presente à nos yeux vne Troupe escaillée,
De diuerses couleurs à plaisir esmaillée ;
Sa parfaite candeur, sa pure netteté,
Ne souffre dans son cours la moindre saleté.
La Plaine qui reçoit ses precieuses larmes,
Pour ne perdre si tost tant d'agreables charmes,
Le tourne, le partage, & le tient à loisir,
Pour joüyr plus long-temps de ce rare plaisir.
Luy fauorable & doux, se coupe, fait des Isles,
Entre & sort comme on veut & des Prez & des Villes ;
Porte ses eaux par tout & son rare Poisson,

Et le laisse par tout pour payer sa rançon.
Ha! beau Fleuue, tu meurs le iour de ta naissance,
Et d'vn cours tres-petit tu bornes ta puissance :
Mais le destin le veut, que l'horreur du tombeau
Soit le triste apanage à ce qui paroit beau.

 C'est de Toy, claire source, inépuisable veine,
Que nous naist ce thresor, & qu'il coule sans peine ;
C'est toy, qui dans l'ardeur des Soleils plus bruslans,
Sous le feu deuorant de ses traits violens,
Pousse parmy nos champs cette source feconde,
Opposant aux Estez la fraischeur de son Onde.
Ainsi c'est de Toy seule, & non pas des Hyuers,
Que tes canaux par tout à tes eaux sont ouuerts ;
Tu tires de ton fonds tes aymables largesses,
Et le Ciel par ses pleurs ne fait point tes richesses ;
Tousiours égale à Toy, quoy qu'il pleuue au dehors,
Tu ne débondes point de l'enclos de tes bords ;
Tu coules sans manquer, quoy que les Nereïdes
Se seichent de chaleur dans leurs grottes humides.
Si par fois tu fais voir ta liberalité,
On ne t'y force point, c'est de ta volonté.

 Fontaine, enseigne moy de prendre la fortune,
Soit que douce elle m'aide, ou me nuise importune,

D'vn

D'vn esprit comme toy qui soit tousiours égal,
Regardant de mesme œil ou le bien ou le mal;
Que la vertu me soit vn fonds inépuisable,
Fors elle, ie ne sois heureux ny miserable;
Que tout Bien m'abandonne, ou tout se change en Bien,
Sans que rien me suruienne, ou qu'il me manque rien;
Qu'en moy cette Vertu soit le bonheur supreme,
Et qu'enfin ie suffise auec Elle à moy-mesme.

Les Descriptions

LE
IOVR NAISSANT.
ODE.

TIRSIS, vien à la fenestre
Voir vn miracle nouueau ;
Le beau Iour commence à naistre,
Et sortir de son berçeau.

Vn Rouge à couleur de rose,
Qui doucement se fait voir,
Insensiblement dispose
Le Monde à le receuoir.

Voy-tu comme la lumiere
Pousse le rouge en auant ?

Que

Que cette belle fourriere
Esclaire tout le Leuant.

La Nuict de crainte s'enuole,
Changeant en course ses pas;
Et va sous vn autre Pole
Porter l'ombre du trespas.

Sous l'ombrage de ses voiles,
Qu'elle resserre en courant,
Elle cache les estoilles,
Qui la suiuent en mourant.

Que ce Rouge est agreable !
Que l'Or auec l'Orangé,
Par vne surprise aymable,
S'y trouue bien meslangé !

Tirsis, n'est-ce point l'Aurore,
Le bel espoir des Humains,
Qui vient du riuage More,
Nous monstrer ses belles mains ?

Est-il Perle, ou Chrysolite,
Qui ne reluise en ses doits ?

Z

Est-il Pierre de merite,
Qu'elle ne passe cent fois?

 Les Roses, les Anemones,
En leur plus belle saison,
Feroient-elles des Couronnes,
Dignes de comparaison?

 Ses mains, son sein, & sa teste
Sont pleines de ses Beautez;
Tout le Ciel est la conqueste
De ses brillantes clartez.

 Le zephir qui l'accompagne,
Respire si doucement,
Que les Fleurs de la campagne
En prennent du sentiment.

 Les belles deuelopées
Ouurent le sein à demy,
Pour prendre les halenées
De leur innocent Amy.

 Les Plantes à son passage
Se dépetrant du sommeil,

Se mettent en equipage
De receuoir le Soleil.

Entens-tu pas la Musique
De mille petits oyseaux ;
Et comme chacun se pique,
De trouuer des chants nouueaux ?

Ha ! que i'ayme la naissance,
Qui dore ce beau sejour !
Ha ! que i'ayme la puissance
Du Maistre qui fait le Iour !

Les Descriptions

LE IOVR MOVRANT.
ODE.

Es Montagnes ne font plus d'ombre,
Le Soleil s'est precipité ;
Ce peu qui reste de clarté
Se va couurir d'un voile sombre :
Ce Iour si charmant & si beau
N'a pû se sauuer du Tombeau.

Mais, ô Tombe pleines de charmes ?
O douce & precieuse mort !
O faueur du rigoureux sort,
Qui donnes de si belles larmes !

Peut-on

Peut-on mourir plus doucement,
Le peut-on plus pompeusement ?

   Tirsis, vois-tu la sepulture
Où doit entrer ce beau Mourant ;
Ce Triomphe de Conquerant,
Cette incomparable Peinture ?
Est-il pompe de Royauté,
Qui soit égale à sa beauté ?

   La Pourpre, iadis des Monarques
Le plus magnifique ornement,
Ouuerte sur ce Monument,
Triomphe des cruelles Parques :
Elle dit que l'on peut sans dueil
Espouser le triste cercueil.

   Le Metal que l'Auare adore,
Par vn culte pernicieux,
Pour orner cét endroit des Cieux,
A la Pourpre se mesle encore ;
Estendant sa riche toison
Sur cette funeste maison.

   Mille Roses par tout semées

Sur ce beau sepulcre d'amour;
Le couronnant tout à l'entour
De leurs dépoüilles plus aymées;
Excitent vn doute nouueau,
Si cette Tombe est vn berceau.

Le Iour qui sçait l'heure fatale,
Qui le doit porter à la mort;
Luy-mesme par vn noble effort
S'y porte d'vne ame royale ;
Genereux il court à grands pas
Au moment qui fait le trespas.

Aussi la Mort si rigoureuse
Le traitant auecque douceur,
Dépoüille sa triste noirceur,
Et ne luy paroist que pompeuse ;
Elle espargne ses rudes coups,
Et n'en a pour luy que de doux.

Ah Tirsis, ce beau Iour expire ;
Sa belle vie est aux abois ;
De luy-mesme il reçoit les loix
De cét impitoyable empire :
Il passe ; sa rouge couleur

N'est

N'est plus rien qu'vn peu de pâleur.

C'en est fait, les noires tenebres
Enuelopent le Monument;
Il ne reste plus d'ornement
Qui pare ses pompes funebres:
Le triste pouuoir de la mort
Fait icy son dernier effort.

Tirsis, il n'est rien qui ne meure,
La beauté ne nous sauue pas;
La Ieunesse n'a point d'appas,
Qui resiste à la derniere heure:
Ce que maintenant est le Iour,
Nous le serons à nostre tour.

Les Descriptions

LA BELLE NVIT.

ODE.

Leandre est-il nuict, que t'en semble ?
Mais quelle Nuict peut voir ensemble
Tant de lumiere & de beauté ?
Ne seroit-ce point vn iour sombre,
Le Soleil cachant sous quelque ombre
Son éblouïssante clarté.

S'il visite l'autre Hemisphere,
Le nostre capable de plaire,
S'enrichit de mille pareils ;
Voy combien de flammes brillantes,
De toutes parts estincelantes,
Nous donnent de petits Soleils.

Il n'est flambeau qui ne nous voye,
Qui sur nous sa clarté n'enuoye,
Que de mesme nous ne voyons ;
Nos yeux ont de la complaisance,
A faire vne douce alliance
Auec le feu de leurs rayons.

Masses d'or, Corps inimitables,
Feux innocens, beautez aimables,
Yeux illustres du Firmament ;
Miroirs de Dieu, Peres des choses,
Roys du Monde, puissantes Causes,
Qui peut vous loüer dignement ?

Alcandre, le Ciel nous prépare,
D'vne main nullement auare,
Le comble des contentemens ;
Diane sur vn Char d'iuoire,
Luisante de pompe & de gloire,
Nous apporte ses ornemens.

Ses Coursiers plus blancs que l'albâtre,
Courans sur ce noble Theatre,
Ouurent les portes d'Orient ;

Elle plus belle que l'Aurore,
Plus pleine de charmes que Flore,
Découre vn visage riant.

 C'est maintenant que le silence,
Exempt de toute violence,
Se rend maistre de l'Vniuers;
Que parmy ces lieux solitaires,
Il permet que ses doux mysteres
Nous soyent à plaisir découuers.

 Que i'ayme ce Repos du Monde,
Cette source en vertus feconde,
Ce Mortel Ennemy du bruit,
Ce Pere de la solitude,
Ce docte Maistre de l'estude,
Ce cher compagnon de la Nuit.

 Beau Ruisseau, qui pousses sans peine
Ta belle & precieuse veine,
Par de si frequens mouuemens;
Que i'ayme ta liqueur paisible,
Qui ne fait point de bruit sensible,
En ses petits escoulemens.

Le Ciel rauy de ton silence,
Se monstre plein de complaisance,
Pour te charger de ses couleurs ;
Quoy qu'il n'ayt rien que de solide,
Il fait de ton cristal liquide
Vn rare Tableau de ses Fleurs.

Il prend plaisir que son visage
Descriue dans ta belle Image
Son admirable expreßion ;
Et que les feux qu'il fait reluire,
Trouuent dans l'eau, sans se detruire,
Leur naïfue imitation.

Ce doux repos de la Nature
Me trace vne rare peinture
Du repos de l'Eternité ;
Où nos Ames comme autant d'Astres,
Libres de nos mortels desastres,
Luiront dans l'Immortalité.

Les Descriptions

LA NVIT OBSCVRE.
ODE.

Leandre, nous sommes surpris;
Le Ciel de toutes parts chargé d'vn noir funeste,
Nous fait craindre à bon droit que le chemin qui reste,
Nous soit vn Labyrinthe à troubler nos esprits;
   Et qu'vn inconeu precipice
   Ne nous rende vn mauuais office.

   La Nuit de son obscur manteau
Enuelope les Monts & les basses Valées;
Les épaisses vapeurs à sa noirceur meslées
N'ont plus d'autre couleur que celle du tombeau;

Le Monde couuert de tenebres,
A chargé ses habits funebres.

   L'Air tout à coup vestu de dueïl
Dépoüillé de l'esclat de sa beauté premiere,
Comme vn sombre cachot dépourueu de lumiere,
Portant de tous costez les marques du cercueil,
   Nous dit que la Nuit par enuie
   Vient de rauir sa belle vie.

   Vne profonde obscurité
Cache le feu brillant des aimables Estoiles,
L'impitoyable Nuit a couuert de ses voiles
L'agreable splendeur de sa douce clarté,
   Son audace a fait violence
   A ce qu'elles ont de puissance.

   Le vert aimable des Forests,
L'argent dont les Ruisseaux peignent leur eau cou-
     rante,
Des plantes & des fleurs la couleur reluisante,
Cét Or qui nous charmoit des jaunissans gnerets,
   Ne nous laissent plus d'autres marques,
   Que la triste couleur des Parques.

La Terre que ie ne voy pas,
Ostée à mes regards, me dit par cette perte,
Que si ce noir fatal à nos yeux l'a couuerte,
Il pourra bien aussi la cacher à nos pas;
  Nous portant dans quelque fondriere,
  Où dans l'eau de quelque riuiere.

Je ne découure nulle part,
Ny cabane, ny feu, ny maison, ny fumée;
Ie ne voy ny flambeau, ny chandelle allumée,
Qui nous puisse guider en ce mortel escart;
  Si tout le Monde est de la sorte,
  Ie croy que la Nature est morte.

Je me sens dans l'aueuglement,
Mes yeux si clair-voyans ne font plus leur office,
Et s'ils estoient frapez de quelque malefice,
Ils ne souffriroient pas plus de déreiglement :
  Car à quoy sert d'auoir la veuë,
  Si d'objet elle est dépourueuë ?

Ainsi le Captif inhumé,
Qui pour trouuer de l'or ouure sa sepulture,
Si sa lampe s'esteint dans sa basse ouuerture,
                      N'espere

Poëtiques.

N'espere de long-temps de voir le iour aymé ;
Et tout à coup perdant courage,
Abandonne son cher ouurage.

Alcandre on dit que les Enfers
Content dans leur tourmens des tenebres palpables,
Que les yeux mal-heureux de ces tristes coupables,
Ne peuuent voir leurs feux, ny l'horreur de leurs fers,
De moy, ie croy que ce supplice,
N'est le moindre qui les punisse.

Les Descriptions

LA TORTVE
OV
LE SOLITAIRE.
ODE

ANIMAL, qui me sers d'exemple,
Que ie dois cherir par raison,
Arreste ta dure maison,
Afin que mieux ie la contemple :
Ayans pris le bon air, nous nous retirerons,
Et dans nos petits creux nous nous replongerons.

Que la supreme Prouidence
T'a couuerte bien à propos,
Et te condamnant au repos,

A mis

A mis ta vie en asseurance !
Ayant si peu de force, & si peu de vigueur,
La mort te feroit tost ressentir sa rigueur.

 C'est par les mesmes destinées
 Que ie suis du Monde seuré ;
 Et que de ses maux deliuré
 Ie passe à l'escart mes années :
De combien de peché me verrois-ie taché,
Si le Dieu qui m'a fait ne me tenoit caché ?

 Que ton escaille est admirable,
 En sa iuste dimension !
 Que sa belle proportion
 Est à ton petit corps sortable !
Comme elle couure tout, & laisse de ses bords
Sortir les pieds hardis de ton timide corps !

 Le dessus s'esleue en voutûre,
 Arrondy par tout au niueau,
 Sans auoir souffert le cizeau
 Dont se sert la noble Sculpture :
La Nature elle-mesme en a fait le projet,
Te donnant à nos yeux pour rauissant objet.

         Bb

Les Descriptions

Qui croiroit que tant de puissance
Se trouuat en si petit lieu ?
Et que ton esleué milieu
Fut à couuert de toute offence ?
Que les rouës des chars, & les plus pesans corps,
Ne fussent à ton dos qu'inutiles efforts ?

En vain nostre folle pensée
Croit que tu portes ta prison ;
Puis que c'est plustost ta maison,
Ou ta retraitte terrassée ;
Qu'elle est ta Citadelle, & ton retranchement,
Ton bouclier, ta cuirasse, & ton soulagement.

Ainsi ma longue solitude
Parmy tant de iours & de nuits,
Est le secours de mes ennuys,
Et l'aliment de mon estude ;
Elle est le haut rampart de ce peu de vertu,
Dont le vice chez moy se trouue combatu.

Ton escaille n'est pas moins belle,
Qu'elle est puissante à resister,
Et tu ne pourrois souhaiter

Vne

Vne demeure moins mortelle :
Elle a son coloris, elle a ses ornemens,
Et l'on void sur ton dos diuers compartimens.

 Les Figures y sont tracées
 Par égale proportion ;
 Les Couleurs sans confusion
 Y sont heureusement placées :
Le jaune releué par vn peu de noirceur,
Semble l'or esmaillé d'vne sombre couleur.

 Ma Retraitte comme la tienne
 A ses plaisirs & ses beautez ;
 Elle a de saintes voluptez,
 Qui n'ont rien qui ne me retienne :
Ses plantes, & ses fleurs, ses arbres tousiours verts,
Me monstrent en tout temps ses ornemens diuers.

 Tes pieds sortent de leur enceinte,
 Et forment des pas mesurez ;
 Mais pour estre plus asseurez,
 Ils portent leur demeure peinte :
Quelque endroit qui les voye, ils ne marchent
  iamais,
Sans trainer auec eux cét Asile de paix.

Au moindre heurt qui les secoüe,
Ils se remettent dans leur fort ;
Et là se couurans de la Mort,
Ils ne craignent Homme ny roüé :
Dans ce Rocher fermé, tu n'es plus qu'un Rampart,
Que la terre & la main couurent de toute part.

Solitude, chere Compagne,
Sois tousiours ma plus tendre amour,
N'abandonne point mon sejour
De la Ville ou de la Campagne :
Si par fois ie te quitte, & pour quelques momens,
Que ie rentre aussi-tost dans tes retranchemens :

Mais ie trouble ta quietude,
Animal qui veux te cacher,
Qui n'as point d'entretien plus cher
Que celuy de ta solitude :
A Dieu, ie me retire, & le son de l'airain
Veut que i'aille chez moy prier le Souuerain.

L'ALLEE
ODE.

TIRSIS, il faut te dire adieu,
Il le faut dire à ce cher lieu,
Doux témoin de mes resueries;
Allons donc faire encore un tour
Dans ce beau Promenoir, objet de mon amour,
Que ie veux appeller mes saintes Tuileries.

Vne Allée est ce qui me plaît,
Quoy que tout y soit à souhait,
Elle seule fait mes delices;
Ie te laisse le grand Berceau,
Les Lauriers tousiours verts, les saules, le ruisseau,
Mais ie garde ces bois, comme mes chers Complices.

Voy-tu pas comme à noſtre abord,
Ils font vn genereux effort,
Pour nous proteger de leur ombre ?
Que ces aymables Grenadiers
Preſſant leurs tendres bras parmy ces hauts Figuiers,
Pour nous mettre à couuert ont des fueilles ſans nombre?

Quel eſt le ſçauant Ouurier,
Qui d'vn ſi precieux fruitier
A fait cette rare Eſpaliere ?
Qui d'vn Arbre ſi delicat,
Si foible à ſouſleuer ſon rauiſſant eſclat,
A fait contre le chaud vne forte barriere ?

Le Soleil dans l'eſtonnement
De ce nouueau Retranchement,
Ne ſçait plus s'il dort ou s'il veille ;
Il ne peut ſe perſuader,
Que ce beau Labyrinte ait peu le retarder,
Ou luy vueille cacher ſon auguſte merueille.

Il le preſſe de tous coſtez,
Il verſe ſur luy ſes clartez,
Il l'attaque de mille atteintes ;

Mais

Mais le vert & viuant Rempart,
Ainsi qu'vn Bastion fermé de toute part,
Repousse ses grands coups, aussi bien que ses feintes.

Semble-t'il point que tes appas,
Sous la mesure du compas,
Poussent leurs beautez rauissantes ?
Que l'Esquierre les a dressez,
Et que pour plaire à l'œil se maintenant pressez,
Ils tiennent en prison leurs merueilles naissantes ?

Muraille de rauissement,
Incomparable Alignement,
File viuante de beaux Arbres ;
Estes-vous ce que nous voyons ?
Ou quoy que transparens aux celestes rayons,
Pour tromper nos regards, n'estes-vous point des
   Marbres ?

Sans doute il s'en est veu de verts ;
Mais qui iamais les vid couuerts
Des fruits que la terre vous donne ?
Qui les a veus iamais ornez
De ces viuans Rubis, à bon droit couronnez,
Qui vous font admirer au regne de Pomone ?

          Et

Et vous Figuiers ambitieux,
Qui semblez menacer les Cieux,
Par le haut sommet de vos testes ;
En estes-vous moins precieux ;
Et ne tendez-vous pas vos bras officieux,
Pour enrichir nos mains de vos cheres conquestes ?

Tirsis, vois-tu ces Globes verts,
Qui déja paroissent ouuerts,
En mille endroits de ce fueillage ?
Voy-tu que les Figuiers chargez,
N'ont plus d'autre desir que se voir dégagez
De ce fardeau chery qui presse leur ramage ?

Tant d'Esmeraudes à la fois
Chargent trop leurs aymables doits,
Et pourroient leur estre à dommage :
Ils baissent leurs mains à dessein,
Pour vuider leurs thresors, & nous remplir le sein,
Nous faisans heritiers de ce noble partage.

Voy-tu ces Ampoules de miel,
Ce Nectar congelé du Ciel,
Voy-tu cette Manne paitrie ?

Ce thresor de tous recherché;
Qui d'vne obscure peau ne peut estre caché,
Et qui de sa douceur passe nostre industrie?

Ces fruits beaux sans comparaison,
Deschirent leur noire prison,
Nous découurans vn teint d'albâtre;
Tu feras le choix des meilleurs,
Ie n'en gousteray pas, le sort m'appelle ailleurs,
Peut-estre qu'à la fin i'en serois idolatre.

Mais, Tirsis, ta priuation
Touche ma tendre affection
D'vne douleur bien plus amere;
Que ie quitterois volontiers
Tout ce qu'ont d'attrayant les plus riches Figuiers,
Pour jouyr plus long-temps de ton amour de Pere.

Il faut partir, & te laisser;
Il faut que i'aille trauerser
Des Monts, des Fleuues & des Plaines;
Toutefois, Tirsis, sois certain,
Qu'il n'est esloignement, absence, ny destin,
Qui te puisse effacer du profond de mes veines.

Cc

Les Descriptions

LE BELVEDERE.

ODE.

Ncomparable en ta peinture,
Miroir qui fais voir la Nature,
Dans son plus bel ameublement ;
Cabinet qui sans artifice,
Sans art & sans ajancement,
Ne contiens rien qui ne rauisse,
Et qui ne comble l'œil d'vn parfait agrément.

Petit Palais de quietude,
Retraitte de la solitude,
Lors qu'elle veut se delasser ;
Et qu'ayant banny toute affaire,

A l'aise elle vient repasser,
Les pensers qui luy peuuent plaire,
Ne portant son esprit qu'à se débarasser.

Apres vne si longue absence,
Qui m'a rauy ta joüyssance,
Puis-ie te reuoir à loisir ?
Parmy tant de rares spectacles,
M'est-il loisible de choisir,
Et de chasser tous les obstacles,
Qui depuis si long-temps ont fait mon déplaisir ?

De plain vol tu portes ma veuë,
De plumes & d'aisles pourueuë,
Au lieu qui nous donne le iour ;
Et sans abaisser la paupiere,
Mes yeux peuuent faire la Cour
Au Monarque de la lumiere,
Lors qu'il vient visiter ce fortuné sejour.

Je voy la croupe des Montagnes,
Qui bien hautes sur les Campagnes,
Le vont attendre à son réueil ;
Qui seruent de noble barriere,
Lors qu'excité de son sommeil,

Cc 2

Il vient enfiler sa carriere,
Et dissiper la Nuit de son feu sans pareil.

Hauts Rochers, Compagnons des Nuës,
Monts sourcilleux, croupes chenuës,
Que i'ayme ce beau changement ;
Qui sur le leuer de l'Aurore,
Vous couurant du Metal charmant,
Que nostre aueuglement adore,
Nous fait voir des monceaux de ce rare ornement.

Apres de combien de prairies,
De ruisseaux, de plaines fleuries,
Repais-tu mon œil curieux ?
Est-il gueret, vigne, ou bocage,
Dont par vn soin officieux,
Tu ne faces vn assemblage,
Le plus diuertissant que regardent les Cieux ?

Bien loin cette Maison champestre,
Ne faisant ce semble que naistre,
Ne se void qu'en esloignement ;
Icy cette autre plus prochaine,
Laisse voir le beau bastiment,
Le bois, le jardin, la fontaine.

Et

Et les menus trauaux de ce Compartiment.

Quel plaisir de voir cette plaine,
Où le doux zephir se promeine,
Ne marchant qu'à pas mesurez ?
De voir que la moisson branlante,
Oppose ses espics dorez,
A l'attaque tousiours flotante,
De mille petits vents qui se sont esgarez.

Ces grands Chesnes dont le fueillage,
Meslé de lumiere & d'ombrage,
Se pare si pompeusement ;
Disent qu'il n'est point de peinture ;
A qui l'on puisse dignement
Comparer la noble verdure,
Qui releue les bords de leur habillement.

Ces Pasquis sans cesse fertiles,
Coupez en cent petites Isles,
Qu'entourent autant de ruisseaux ;
Ne me sont pas moins agreables,
Par la montre de leurs troupeaux,
Que par les ornemens sortables,
Qu'ils tirent à plaisir du courant de leurs eaux.

Les Descriptions

*Mais qui peut dire l'abondance,
La pompe & la magnificence,
De ce grand Fleuve aux larges bords ?
Qui terminant sa belle Plaine,
Pousse la masse de son corps
D'vne demarche moins soudaine,
Et modere en ce lieu ces vigoureux efforts ?

Pour brider sa course fougueuse,
Il partage son eau pompeuse
Dans le lit de plusieurs canaux ;
Son Char roule sans violence,
Et ses impetueux Cheuaux
Prenant part à sa complaisance,
Se reposent vn peu de leurs pesans trauaux.

On dit mesme qu'il sort de l'onde,
Et que lors que la Nuit profonde
Cache la terre à nos regards ;
Esleué sur cette cabane,
Il jette l'œil de toutes parts,
Et qu'aidé des rais de Diane,
Il joüyt à plaisir de ces thresors espars.

C'est

C'est luy qui sans barque ou nauire,
Sans crainte d'espreuuer son ire,
Me porte sur cette Cité;
Qui me fait voir ce petit Monde,
Ce threatre de majesté,
Assis sur le bord de son onde ;
Me donnant en pourfil son illustre beauté.

    Ce Pont dont les hautes arcades
Donnent passage à mes œillades,
Aussi bien qu'à ce Roy des eaux,
Me fait voir à trauers ses voutes
Et ses magnifiques berçeaux,
Bien loin les admirables routes,
Qui portent dans la Mer ce gouffre des Ruisseaux.

    Si ie remonte vers sa source,
Sous l'endroit du Ciel, ou de l'Ourse
L'Astre froid porte les Hyuers ;
I'y voy des Colines sans nombre,
Qui de leurs ornemens diuers
Donnent à ses riues vne ombre,
Et peignent son cristal de leurs fueillages verts.

C'est

*C'est vous, Auteur de la Nature,
Qui disposez la Creature,
A donner ce charme à nos yeux;
Qui tracez vn petit modelle
De ce grand lieu delicieux,
Où dans vne vie immortelle,
Nous verrons sous nos pieds la machine des Cieux.*

LE BROÜILLAS.
ODE.

ALCANDRE, quelle infortune
Rauit mon contentement ?
De quelle Enuie importune
Ay-ie souffert le chastiment ?
Qui de mon cher Beluedere
Arrache aujourd'huy les yeux ?
Quel est le destin contraire,
Qui me le rend ennuyeux ?

Vn Broüillas espais & sombre,
Pressant les plaines de l'air,
Enueloppe de son ombre,
Ce qu'a le Ciel de plus clair.

Dd

Il porte vn estang de glace
Sur ce parterre de fleurs ;
Sa triste pâleur efface
La lumiere des couleurs.

Tout le Ciel, l'Air, & la Terre,
Semblent estre dissipez,
Pour faire place à ce verre,
Dont leurs membres sont coupez.

Je ne voy qu'vn Blanc funeste
Qui reiette mes regars,
Qui par tout portant sa peste,
M'attaque de toutes parts.

Broüillas, facheuses tenebres,
Nuict du Iour, mort du Soleil,
Crayon des pompes funebres,
Espouuantable appareil ?

Va dans le fonds de la Thrace,
Dans les plus tristes deserts,
Sous l'Ourse où tousiours la glace
Retient l'Empire des Airs.

Ne vien point parmy nos plaines
Estoufer tant de beautez,
Deliure nos yeux des peines,
Qu'apportent tes cruautez.

A ARTENICE

Poëtiques.   211

A
ARTENICE,
SVR SES MALADIES
continuelles.
STANCES.

RTENICE, est-il vray, que vous
    souffrez, tousiours ?
  Que les nuits & les iours
Ne se content chez vous que par quel-
que soufrance ?
Et que les maux fascheux qui depuis si long-temps
    Font vostre patience,
Ne s'appriuoisent point par la suite des ans ?

Dd 2

Les Descriptions.

Dix fois l'Astre du iour a marqué les Saisons
Dans ses douze Maisons,
Que vous portez vn feu dans le fonds de vos veines ;
Qu'vne fieure bruslante allumant dans vos os
Vn Montgibel de peines,
Ne vous laissoit iamais vn moment de repos.

Tantost d'vn froid mortel tout vostre sang surpris
Faisoit de vos esprits
Vn estang respandu de froidure & de glace ;
Du plus fascheux hyuer la fiere cruauté
N'apporte rien de Thrace,
Dont vostre corps transi ne sentit l'aspreté.

Mais bien-tost vous passiez au rigoureux tourment
D'vn vaste embrasement,
Qui faisoit de vos sens vn triste sacrifice ;
Et sans vous consumer de ces fortes douleurs,
Vous sentiez le supplice,
Qui fait aux Criminels le dernier des malheurs.

Ce Chef qui de vostre Ame est le Thrône éleué,
Ce Palais acheué,
Où la noble Raison establit son Empire ;
Tranché

Tranché d'vne Migraine a soufert mille fois
    Le plus cruel martyre,
Que la Nature enferme en ses pesantes Croix.

    De combien d'autres maux sans relache portez
        Vos membres tourmentez,
Ont fait à vostre esprit des attaques mortelles ?
Quel iour ne void son mal ? quelle est la courte nuit
        Dont les heures nouuelles,
Ne forment de nouueau quelque mal qui vous nuit ?

    L'âge par qui tout passe, & qui fait tout perir,
        N'a peu faire tarir
De vos moindres douleurs la plus legere source ;
Au contraire cruel, il a fait que vos maux
        S'accroissans dans leur course,
Ont accreu d'autant plus le faix de vos trauaux.

    Mais que fais-ie, Artenice ! hé, n'apperçoy-ie pas,
        Que vos maux sont les pas,
Dont vous courez sans cesse à l'immortelle gloire ?
Que c'est vostre Trophée, & que chaque douleur
        Enfante vne victoire,
Qui vous doit couronner du souuerain bon-heur ?

Il est vray, vos combats vous disposent vn prix,
Dont les heureux Esprits
Font dans l'Eternité leur desir & leur ioye ;
Ces fievres, ces ardeurs, ces feux, ces tremblemens,
Sont des trames de soye,
Qui filent le tissu des vrais contentemens.

Vous auriez moins de biens, si vous enduriez moins ;
Vos maux sont les tesmoins
De la haute vertu qui se fait des Couronnes ;
Eux-mesmes en seront les plus beaux Diamans ;
Et les saintes personnes
Ne tirent point d'ailleurs leurs riches ornemens.

Fin des Descriptions Poëtiques.

LA

LA SAINTE BAVME.
POËME.

NTRE, sacré tesmoin des ardeurs d'vne Amante,
Aimable Confident de son Ame souf-
frante;
Qui touché mille fois de ses viues douleurs,
As donné ta liqueur pour accroistre ses pleurs :
Rocher, plus esleué que les cimes cheniiës,
Dont les fronts sourcilleux épouuantent les Nuës ;
Chaste lit de l'Espoux, rare Abregé du Ciel,
Nouueau temple d'Amour, douce source de Miel.
Vous qui vistes ses maux, qui vistes ses supplices,

Les Descriptions

Qui vistes les transports de ses chastes delices ;
Rocher, Antre, Desert, donnez à nos desirs,
Ce qui fit d'vn grand Cœur les maux & les plaisirs.
Dites les saints excez d'vne Ame Penitente,
Les souspirs embrasez d'vne diuine Amante ;
Comme meslant sa ioye au fiel de sa douleur,
Elle tira son bien de son premier malheur.

Et vous, Esprit d'amour, doux soulas de ses peines,
Qui fistes de ses yeux d'admirables fontaines ;
Par qui son cœur souffrit vn Martyre amoureux,
Son plaisir fut amer, & son tourment heureux ;
Espandez sur ce vers vn Rayon de la flame,
Qui fit en mesme temps fondre & brusler son Ame ;
Descriuez les ardeurs d'vn Vesuue bruslant,
Qui de l'eau de ses pleurs deuint plus violent.

Lazare estoit sur Mer, & la famille sainte,
Que composoient ses Sœurs, & qui faisoit sa crainte ;
Abandonnée aux vents, dans le mesme vaisseau,
Sans voile & sans timon, voguoit au gré de l'eau.
Les Iuifs pleins de fureur & de rage homicide,
Choisissans pour bourreau cét Element perfide,
Exposoient à ses flots tant de Chefs innocens,
Pour leur faire souffrir la mort par tous les sens.

Mais

Mais l'Ange qui conduit cette Nef vagabonde,
La porte sans danger, où tout danger abonde;
Il ouure les escueils, il appaise les flots,
Seul il fait le deuoir de mille Matelots;
Et d'vn bois dépourueu de timon & de rame,
Il dresse vn Arc pompeux sur les eaux qu'il entame.
On diroit que la Nef par de secrets ressorts,
Triomphant de la Mer, estoufe ses efforts;
Que les flots conuertis en vn Marbre liquide,
Ne gardent plus rien d'eux que leur nature humide;
Que ce profond Abysme a perdu sa fureur,
Que mesme il n'ose pas estre vn objet de peur,
Et que les vents fermez dans leurs grottes profondes,
Ne peuuent plus sieger sur le Trône des ondes.

Mais le Demon voyant que ces foibles mortels,
S'ils sortent du danger vont perdre ses Autels,
Appelle ses égaux, pour former des tempestes,
Qui puissent accabler ces innocentes testes.
Mille Esprits aussi tost se meslent dans les eaux,
Pour dresser dans leur sein de funestes tombeaux;
Chaque vague a dans soy l'Esprit qui la tourmente,
Chaque vague est vn trait de la Mort menaçante;
Mais ny le fier Demon, ny l'Enfer irrité,
Ne peuuent ébranler le Cristal arresté;
Son visage est égal, son front paroit sans ride,

E e

Les Descriptions

Et l'Enfer pousse en vain l'Element qui le bride ;
Les vents quoy qu'appellez ne sont pas moins retifs,
Dans le fonds de leur Antre ils se trouuent captifs.

Le Demon emporté de sa rage enflammée,
Se fait luy-mesme vn flot contre la Nef charmée :
Mais la Nef dans son cours plus ferme qu'vn rocher,
Dontant ce fort Esprit, ne le souffre approcher ;
Il cache sous les eaux son dépit & sa honte,
Contraint d'aider encor le bois qui le surmonte.
Du flot il monte en l'air, il fait vn corps de vent,
De ses plus grands efforts il le pousse en auant,
Mais le vent aussi-tost sur la vague retombe,
Et son Thrône flotant ne luy sert que de tombe.

Et comme on void le nid des foibles Alcyons
Brauer de l'Ocean les agitations ;
Tout ceder aux oyseaux qui sont encore à naistre,
La Mer n'estant plus Mer, afin qu'ils prennent
    l'estre.
De mesme le depost au Nauire commis,
Où le Maistre du Ciel à ses plus chers Amis,
Vole dontant les vents, les Mers, & la Nature,
Et fait de ses dangers sa plus noble auanture ;
Jusqu'à ce qu'à Marseille il entre dans le Port,
Triomphant du Demon, des Iuifs & de la Mort.

Ville

Poëtiques. 219

Ville qui dois tes murs aux courageux Phocenses,
Grand Arsenal de guerre, ornement des sciences,
Exemple de constance & de fidelité,
Magazin de Mercure, illustre en fermeté;
Pren le rare thresor que le Ciel te destine,
Sois aux Peuples lointains vne source Diuine;
Ouure ce qui te ferme, escarte tes rochers,
Quitte tout, pour auoir des ornemens si chers;
Tes richesses, ton port, ta force, & ton enceinte,
Ne sont que des biens faux, si tu ne deuiens sainte.
Tu le seras bien-tost par cét illustre Mort,
Que le Ciel auiourd'huy te donne pour support;
Lazare est pour toy seule, & sa seconde vie
Se void à ton salut maintenant asseruie.

Mais parmy ce tracas, cette confusion,
Amante du Sauueur, quelle est ta passion ?
I'entens que tu la dis à cét aimable Frere,
Qu'en vn dernier Adieu, tu le veux satisfaire.
Cher Frere, luy dis-tu, l'amour que i'ay pour toy,
Ne te permettra pas de douter de ma Foy ;
Mais vn plus grand amour t'a déja fait connoistre,
Qu'vn Frere m'est fort peu, lors que ie suits vn Maistre.
Ce Maistre me contraint de sortir de ce lieu,
Et t'ouurir mon dessein par vn dernier Adieu.
Tu dois gagner les cœurs par vn Diuin langage,

Le repos t'est mortel, l'Agir est ton partage ;
Le Mien est de fuir ce que tu dois chercher ;
Tu dois te faire voir, & ie dois me cacher ;
La ville est ton sejour, vn Antre est ma retraite ;
Ta vie est exposée, & la mienne est secrete :
Bref tu prendras les soins d'vn fidelle Berger,
A tes troupeaux mourans il te faut partager ;
De moy, ie n'ay qu'vn soin, ie n'ay qu'vne pensée,
De fomenter le coup dont mon Ame est blessée.
Adieu donc Frere aimable, adieu donc chere Sœur ;
Mon cœur n'est plus à vous, il suit son Rauisseur ;
L'Auteur de la Nature a vaincu la Nature,
Et me force d'aimer ce qu'il faut que i'endure.

A ces mots elle ioint de doux embrassemens,
Et donnant quelques pleurs à ses ressentimens,
Elle quite vne Sœur, elle abandonne vn Frere,
Et se quite elle-mesme, en cherchant de se plaire :
Car l'adorable Espoux de son Ame vainqueur,
N'est pas plus dans le Ciel, qu'il est dedans son cœur.
Elle se porte aux lieux où son desir l'appelle,
Entamant les sentiers d'vne trace nouuelle.
Sa guide est son amour, son flambeau la conduit,
Dans ces tristes deserts c'est le seul qu'elle suit.

Vn effroyable Mont s'esleue de la plaine,
Dont

Dont le hardy sommet ne se void qu'auec peine ;
Il va chercher le Ciel de son front sourcilleux,
Et la Terre est vn point à son œil orgueilleux :
On void de toutes parts sur ses longues eschines,
De grands amas de bois, de rochers, & d'espines ;
Du pied iusqu'à la teste il est ceint de Forests,
Cachant sous cét habit ses funestes Guerets ;
Le fueillage pressé rend sa demeure sombre ;
Ne luy donnant du iour que la pâleur d'vne ombre.
L'inuincible aspreté des Rochers escarpez,
Que le Fer des mortels n'auoit encor coupez,
Sur ce Mont sourcilleux dresse mille montagnes,
Se répandant apres sur les basses campagnes ;
Ce qui paroit de terre est de ronces couuert,
Et les plus chauds Estez y ressemblent l'Hyuert.

C'est l'endroit où les pas de l'Amante se tournent,
C'est l'endroit où déja tous ses desirs sejournent :
Comme le Chien ardent poursuit le Cerf aislé,
Iusqu'à ce qu'à la poudre il ait son sang meslé ;
Par les rocs plus aigus, par les monts, par les plaines,
Ses plus tendres plaisirs se trouuent dans ses peines :
Ainsi cherche l'Amante vn inuisible Espoux ;
Ainsi ces lieux n'ont rien pour elle que de doux.
Elle entre où les Forests ont les ombres plus noires,
Et de cette épaisseur elle fait ses victoires ;

L'obscurité, la Nuit, l'épouuante, l'horreur,
Luy sont obiets de ioye, & non pas de terreur;
Les rochers luy sont doux, les piquantes espines
Sont à sa tendre amour des caresses diuines;
Son chemin est par tout, les plus sauuages lieux
Paroissent à son feu les plus delicieux;
Ce qu'a de plus affreux la triste solitude,
Est le charme secret de son inquietude;
Sa poursuite, est l'horreur du Monde qu'elle fuit,
Et sa fuite, est l'amour de l'Espoux qu'elle suit.

Enfin sa chere erreur, & sa course incertaine,
Où l'aymant agissant de l'Amour qui la traine,
La portant à l'endroit où le Mont est chenu,
Luy monstrent vn Desert à tout autre inconnu.

Vn Rocher esleué par dessus les bruines,
Qui des hauts bastimens ne craint point les ruines,
Ouuert suffisamment, fait vn lieu spacieux,
Où bien-tost paroistront les merueilles des Cieux;
Il penetre la terre, & son ample ouuerture
Est l'ouurage acheué de la seule Nature:
C'est elle qui l'a mis sur le plus haut des airs,
Qui l'a fait le plus grand de ces tristes deserts;
Qui d'vne simple Arcade a suspendu sa voute,
Qui maintient son humeur coulante goute à goute;
Qui

Qui d'vn petit rocher, dans le grand eſtendu,
Forme vn lit de repos au milieu ſuſpandu;
C'eſt Elle qui produit, par vn miracle extreme,
Dans cét aſpre rocher, ſe vainquant elle-meſme,
Vne ſource abondante, & qui fournit ſes eaux,
Capables de pouſſer mille petits ruiſſeaux :
C'eſt elle qui gardant ce cher lieu pour l'Amante,
N'en a permis l'abord qu'à ſon amour ſouffrante.
Par faueur ſeulement les citoyens de l'air,
Oſans la preuenir, ont le droit d'y voler.

Elle y grimpe à la fin, & forçant les broſſailles,
Qui ſeruoient au Rocher de fort & de murailles,
A peine a-t'elle veu ce rauiſſant Palais,
Qu'elle iure en ſon cœur de l'aimer pour iamais;
L'Eſprit ſaint, ſon deſir, ſon amour, luy font croire,
Que c'eſt le lieu marqué pour ſa noble victoire;
Qu'attendant que le Ciel contente ſes deſirs,
Elle doit en ce lieu commencer ſes plaiſirs.

Saint Rocher, dit ſon cœur, cheres bornes du Monde,
Retraite à qui tout manque, en qui tout bien abonde;
Mine d'or à mes vœux, riche en ta pauureté,
Prodige de bon-heur, miracle de beauté,
Reçoy-moy dans ton ſein, ouure-moy ta demeure;
Que ie viue en tes bras, & qu'en tes bras ie meure.

Antre

Antre mieux eſtoffé que les Palais dorez,
Qui ſurpaſſes l'eſclat des Marbres colorez ;
Pres de qui les Iardins ont de fauſſes lumieres,
Qui couures la ſplendeur des plus nobles matieres ;
Souffre que dans ton ſein ie cherche mon Eſpoux,
Pour le mieux rencontrer, que ie me cache à tous :
Et toy (ſe détournant elle void la Fontaine)
Claire ſource d'argent, inépuiſable veine,
Souuenir innocent de mes ſaintes douleurs,
Image de mon crime, aliment de mes pleurs ;
Souffre que le criſtal de tes perles liquides,
S'augmente par mes yeux, de leur ſources rapides ;
Si tu peux eſtancher ma ſoif par ta froideur,
Ie pourray t'eſchaufer d'vne nouuelle ardeur.

Par cét objet de pleurs elle paſſe à ſes larmes,
Et ſent renouueler ſes premieres alarmes ;
La bleſſeure s'ouurant de ſon premier malheur,
Des crimes pardonnez elle fait ſa douleur :
Elle les void preſens ſous d'horribles figures,
Changer leurs biens paſſez en cruelles tortures ;
Elle void la laideur qui paſſoit pour beauté,
Faire vn Monſtre d'horreur par ſa diformité ;
Elle void le Regret, le Dépit, & la Rage,
Porter dans ſon eſprits vn dangereux orage.
Dans ce trouble impreueu de preſſans ennemis,

Rien

Rien ne luy reste plus que le secours permis ;
Medecin de mes maux, plein de Bonté, dit-elle,
Vne Ame qui s'esgare, à l'aide vous appelle.

 A ces mots prononcez, il luy semble de voir
Ce qui pourroit calmer le mesme desespoir ;
Elle void au Banquet son Amant adorable ;
Et croit en le voyant qu'elle n'est plus coupable :
Elle embrasse ses pieds, elle ouure deux ruisseaux,
Qui roulans de ses yeux leurs merueilleuses eaux,
Font vn Bain precieux, & purgeant mille crimes,
Luy donnent la beauté des plus nobles Victimes.
Elle espand ses cheueux, ces trames d'or filé,
Ces liens où l'Amour estoit iadis colé,
Ces Rayons lumineux, ce nouueau Diademe ;
Ce Thrône d'agrément, cét Empire supreme ;
Et les portant au lieu que ses pleurs ont baigné,
Elle establit la Grace, où le vice a regné.

 C'est lors qu'elle ressent vn combat dans son ame,
Dont la glace la gele, & la chaleur l'enflamme ;
Que la crainte & l'amour se choquent dans son cœur,
Le pressant tour à tour pour s'y rendre vainqueur ;
La crainte cede enfin, & l'Amour de son Maistre
Par de soudains transports se fait trop reconnoistre ;

Elle brusle d'vn feu qui n'a point de repos,
Elle le sent passer dans la moüelle des os;
Les esprits plus subtils remplissans ses arteres,
Ne sont plus dans l'estat de leurs cours ordinaires;
Le cœur est oppressé d'vne agitation,
Qui d'vn prompt batement monstre sa passion;
Le poulmon ne reçoit l'aliment qu'auec peine,
Et tesmoigne son mal par sa frequente haleine;
Bref le corps espuisé de ses rauissemens,
Ne peut plus soustenir tant d'aymables tourmens.

Mais apres ces excés, vn esprit plus paisible
Luy monstre le Sauueur à son amour sensible:
Elle entend les accens de sa charmante voix,
Elle void qu'il defend sa cause par trois fois;
Qu'il donne le cher Frere aux pleurs de son Amante,
Et que iamais ses vœux n'ont trompé son attente;
Son Ame en est charmée, & son attention
Semble auoir estoufé toute autre passion.

Amour, que pretens-tu? de quel nouueau caprice
Peux-tu faire à ce Cœur vn si mauuais office?
Ne peux-tu sejourner en vn lieu sans douleur?
Et faut-il que l'espine accompagne ta fleur?
Pourquoy luy fais-tu voir, à ce cœur tout de flame,

Vn objet surprenant qui de cent coups l'entame ?
Son Amant attaché sur vn infame bois,
Ses membres déchirez, sa languissante voix,
Le sang à gros boüillons coulant des ouuertures,
La teste en mille endroits couuerte de blessures,
Tout le corps sur ce bois rudement estendu,
Parmy tant de tourmens ce beau corps suspendu ;
Sont-ce les doux objets d'vne amour iouyssante ?
Sont-ce les doux transports d'vne fidelle Amante ?

Elle les void pourtant ces objets de douleur,
Et void ce corps mourant demeurer sans chaleur ;
Cét Amant ne vit plus, à ses yeux il expire,
Et consomme en mourant son amoureux martyre.

O Corps, dit-elle alors (elle croit l'embrasser,)
Corps qui pouuois jadis les beautez effacer,
Non des hommes mortels, mais des Esprits celestes,
Beau Corps qui t'a flestry de ces marques funestes ?
Deuois-tu donc t'vnir à la Diuinité
Pour estre des humains si laschement traité ?
Deuois-tu n'estre rien que la mesme Innocence,
Pour apres n'estre rien que la mesme Souffrance ?
Cheres Mains, qui combliez les Ingrats de bien-faits,
Attendiez-vous de nous de si de si cruels effets ?

Ff 2

Lors que vous repariez nos plus fascheuses pertes,
A ce fer inhumain deuiez-vous estre ouuertes ?
Beau Chef, Thrône esleué de ce Corps innocent,
Qui vous a couronné de ce Cercle perçant ?
Pour vous establir Roy, faloit-il tant d'espines ?
Faloit-il ces attraits à des beautez Diuines ?
Soleil de Majesté, sont-ce là vos rayons ?
Tableau de l'Eternel en sont-ce les crayons ?
Astres, qui remplissiez ces viuantes prunelles,
Qui change vostre esclat en tenebres mortelles ?
Sauueur, Espoux, Amant, vous ne me parlez plus ;
Et cét organe saint à respondre est perclus.

Les souspirs à ces mots interrompans sa plainte,
S'eslancent au dehors, & n'ont plus de contrainte ;
Les pleurs suiuent apres, & portent le secours
Que les souspirs aislez attendent de leur cours.
Mais les torrens de pleurs, ny les souspirs de flame,
Ne peuuent ralentir les douleurs de son ame ;
Elles prennent vigueur dans ce court agrément ;
Et sa langue poursuit à plaindre son tourment.

Ame sainte, ornement de ce Corps adorable,
Miroir du Souuerain, splendeur ineffaçable ;
Belle Ame, auez-vous peu rompre vn lien si beau ?

Si ce Corps est à vous, est-il pour le tombeau?
Ses mouuemmens iamais ne vous furent contraires,
Pourquoy ne vous suit-il sur les plus hautes Spheres?
Ses trauaux assidus l'ont assez merité,
Et le quitter ainsi, n'est-ce point cruauté?
Mais Ame de mon cœur, vous me quittez encore,
Et ie ne verray plus le Seigneur que i'adore;
Qui donc à l'aduenir receura mes secrets?
Qui donc à l'auenir calmera mes regrets?
Ie ne vous verray plus Oeil vnique du Monde;
Ie ne vous verray plus langue en discours feconde;
Ie n'espreuueray plus ces merueilleuses Mains,
Où les Cieux se fondoient pour le bien des humains!
E qui me defendra, si ie pers mon asile?
Et que me reste-t'il, si tout m'est inutile?

   Elle acheuoit à peine, & l'extreme douleur
Alloit couurir son front d'vne horrible pâleur;
Si son amour pressant n'eut forcé sa memoire
De réuoir son Espoux estincelant de gloire.
Alors dans le regret de pleurer comme mort,
Celuy qui de sa vie est l'vnique support,
Celuy qui par sa mort dépoüillant la Mort mesme,
Gagnoit en expirant l'immortel diademe,

Ff 3

Les Descriptions

Elle dit, Foy mourante, Erreur, Aueuglement,
Ne cesserez-vous point d'accroistre mon tourment ?
Mon Espoux est en vie, & ie vis pour le suiure ;
Le moyen de le voir, si ie cesse de viure ?
Mes yeux vous l'auez veu ; vous en estes tesmoins ;
Ne condamnez-vous pas mes inutiles soins ?
La mort m'est à regret, puis qu'il est plein de vie ;
Et la mienne auec luy ne peut estre rauie.
Mais si ie vis sans luy, ne dois-je pas mourir ?
Et qui pert ses regards, ne doit-il pas perir ?
S'il vit, c'est dans le Ciel, il se cache à la terre ;
Ie ne vis qu'en ce lieu, qui tous les maux enserre ;
Mourons donc à la Terre, & viuons pour le Ciel,
Quittons ce qui n'est plus qu'amertume & que fiel.
Mais il me le deffend, & son Arrest supreme
Ne veut pas que la mort vienne que de luy-mesme.
Si ie ne puis le voir qu'en receuant la mort ;
Si ie n'ose mourir ; helas, quel est mon sort !
Ha, venez, cher Espoux, aliment de mon Ame,
Ou donnez-moy la mort, ou soulagez ma flame ;
Monstrez-vous à mes yeux, venez dans ce sejour,
Il n'a rien de la terre, il fuit mesme le iour.

Ses desirs disoient plus encor que ses paroles ;
Aussi tant de desirs ne furent point friuoles.

Son

Son Espoux se monstra dans ses attraits charmans,
Il parut entouré de diuins ornemens,
Il porta dans ses yeux son rayonnant visage,
De sa premiere voix il rapella l'vsage.
Il luy dit que le iour qui la verroit finir,
Estoit encor bien loing dans le temps auenir;
Ayme, souffre, dit-il, atten, desire, espere;
Gagne vn bien Eternel, d'vne courte misere;
Ie te verray par fois, & mes heureux Esprits
Modereront l'ardeur dont ton cœur est espris.
Ayme donc, chere Amante; ayme dans la soufrance,
Contente de ton sort endure mon absence;
Vn iour tu beniras ces fortunez momens,
Qui te sont maintenant de sensibles tourmens.

L'Espoux saint disparoit; & l'Amante fidelle
Se voyant embraser d'vne flamme nouuelle;
Voit aussi que son cœur forme vn nouueau desir,
De souffrir constamment ce mortel déplaisir.

SAINT

Les Descriptions

S. DOMINIQVE
PASSE LES NVITS
en Oraison.

ODE.

 *Nuits, mille fois plus belles*
Que le Iour plus esclatant !
O Repos plus important
Que cent intrigues nouuelles !

O veilles plus souhaitables
Que le plus charmant sommeil !
Douce absence du Soleil,
Tenebres incomparables !

O Silen

Poëtiques.

O silence, ô quietude !
Chere mort de tous les sens !
Source des feux innocens,
Diuine & parfaite Estude !

Rare aliment de mon Ame ;
Chaste lit de mon Espoux,
Par qui ses discours plus doux
Viennent accroistre ma flamme.

Venez luisantes Estoiles,
Venez couurir ce Flambeau ;
Monstrez vn objet plus beau,
Dans le sombre de vos voiles.

Accordez à ma priere
Le Dieu qui fait mon amour ;
Et n'enuiez plus au Iour
Son esclatante lumiere.

Ainsi disoit Dominique,
Tandis que le iour duroit,
Et que son cœur desiroit,
Ce que la nuit il pratique.

Les Descriptions

SAINT BERNARD
repeu du lait de la saincte Vierge.

MADRIGAL.

TES escrits ne sont que de miel,
Ta parole est pure Ambrosie,
Ton entretien n'est que du Ciel,
Son doux Nectar te rassasie ;
La Manne te sert de festin,
Elle fait l'aymable butin
De ton desir insatiable ;
En vn mot tu succes le lait
D'vne Mere & Vierge adorable ;
Ce n'est pas chose esmerueillable,
Si tout le reste te déplait.

Saint Bruno dans la Chartreuse.

EPIGRAMME.

Bruno fuyant les maux du monde ambitieux,
Où par tout la malice abonde ;
Enfin estant reçeu dans ces horribles lieux,
Creut qu'il auoit passé les limites du Monde.

SAINTE

SAINTE VRSVLE, ET SES COMPAGNES.
ODE.

ROVPE sainte, Lis aymables
Couronnes de Chasteté,
Roses tousiours adorables,
Martyres de pureté.

Inuincibles Amasones,
Esquadron que craint l'Enfer ;
Belles & saintes personnes,
Qu'en vain moissonne le fer.

Triomphez de ces Barbares,
Espuisez leur cruauté,

Ne paroissez point auares
D'vne legere beauté.

L'acier qui tranche vos testes,
Qui partage ces beaux corps,
Vous donne plus de conquestes,
Qu'il ne vous donne de morts.

Cette pompeuse victoire
Vous ouure les hauts Palais,
Où les traits de vostre gloire
Ne s'effaceront iamais.

Allez donc Ame d'elite,
Iettez vous sous le cousteau;
Rien n'égale le merite,
Que vous fournit le tombeau.

SAINT IGNACE
regardant le Ciel.
EPIGRAMME.

IGNACE regardant les Cieux,
N'a que des mespris pour la Terre ;
Il ne peut retirer ses yeux
Des beautez que ce globe enserre :
Qu'il y voit bien d'autres appas,
Que nos yeux ne découurent pas !

S. Benoist dans les Espines.

VOUS pensez, Pointes cruelles,
Que le sang que vous tirez,
Fera des Roses nouuelles,
Dont par tout vous regnerez :
Rien moins vous ne verrez naistre
De cette rouge liqueur,
Qu'vn Lis, qui fera paroistre
Son admirable candeur.

SVR LA DEVISE
DE SAINTE THERESE.
Mourir, ou Souffrir.
EPIGRAMME.

MONDE cruel, que peux-tu faire,
Pour vaincre ce Rocher de Foy;
Que peut-on retrouuer en toy,
Qui luy soit fascheux ou contraire;
Puis que tes maux font ses plaisirs,
Et que ta mort fait ses desirs?

Sur sainte Elisabet de Hongrie, qui seruoit les pauures de son Hospital.

SAINTE que le Pauure auoüe
Estre son plus cher thresor;
Quel est ce verre admirable,
Ce cristal incomparable,
Qui sous tant de corps de boüe,
Te monstre des Ames d'or?

FIN.

FAVTES SVRVENVES A L'IMPRESSION.

Page 19. vers 4. de la Majesté, lisez, bien de Majesté.
P. 20. vers 9. piece, lisez pierre.
P. 80. vers 14. des, lisez ces.
P. 90. vers 11. reueler, lisez reculer; Mesme page, vers 6. orgueil, lisez d'orgueil.
P. 154. vers 3. nos, lisez les.
P. 193. vers 8. peché, lisez pechez.
P. 204. vers 4. Mont, lisez Monts.
P. 206. vers 4. sa, lisez la.
P. 209. vers 4. Ay-je souffert, lisez souffre-je.
P. 210. vers 23. de, lisez des.
P. 212. vers 3. portez, lisez portiez.